影响中国菜的那些人

周宏斌

董克平 主编

陶煜 著

青岛出版集团｜青岛出版社

图书在版编目（CIP）数据

影响中国菜的那些人. 周宏斌 / 董克平主编；陶煜著.
-- 青岛：青岛出版社，2025. -- ISBN 978-7-5736-3272-2

Ⅰ. K828.9
中国国家版本馆CIP数据核字第2025FF9166号

YINGXIANG ZHONGGUOCAI DE NAXIE REN ZHOU HONGBIN（WEIDAO DE CHUANCHENG）

书　　　名	影响中国菜的那些人　周宏斌（味道的传承）
主　　　编	董克平
著　　　者	陶　煜
出 版 发 行	青岛出版社
社　　　址	青岛市崂山区海尔路182号（266061）
本 社 网 址	http://www.qdpub.com
邮 购 电 话	0532-68068091
策 划 编 辑	周鸿媛
责 任 编 辑	肖　雷
封 面 设 计	曹雨晨
摄　　　影	钟亚楠
制　　　版	青岛千叶枫创意设计有限公司
印　　　刷	青岛名扬数码印刷有限责任公司
出 版 日 期	2025年4月第1版　2025年4月第1次印刷
开　　　本	16开（787毫米×1092毫米）
印　　　张	10.25
图　　　数	162幅
字　　　数	151千
书　　　号	ISBN 978-7-5736-3272-2
定　　　价	158.00元

编校印装质量、盗版监督服务电话：4006532017　0532-68068050
建议陈列类别：生活类　美食类

目录

壹。盛年归来

一 感谢橄榄树餐厅………02
二 一个理智的选择………05
三 严格管理出奇迹………08

I

贰。烟火处，人情味

一 对酒店餐饮的超前认知⋯⋯12

二 体验，比味道更让人难忘⋯⋯17

三 早餐——殿堂中的烟火气⋯⋯22

四 酒吧——『潮流人士』出没地⋯⋯25

叁。台前场面，幕后心法

一 一双能发现美的眼睛⋯⋯28

二 寻找和挖掘⋯⋯32

三 在熟悉中找到陌生⋯⋯34

四 理解需求⋯⋯38

五 主动选择有要求的客人⋯⋯43

六 系统和标准⋯⋯47

味道的传承

影响中国菜的那些人

周宏斌

董克平 —— 主编
陶煜 —— 著

青岛出版集团
青岛出版社

董克平 | "味道的传承"丛书主编,总策划

　　毕业于北京大学哲学系。北京APEC(亚太经合组织)领导人会议首脑宴会专家顾问,《舌尖上的中国》第一季、第二季美食顾问,《风味人间》第一季、第二季美食顾问,央视综合频道《中国味道》总顾问、总策划,央视科教频道《味·道》总顾问,摩根士丹利中国峰会宴会召集人,美团点评黑珍珠榜理事,携程美食林理事。著有《口头馋》《食趣儿》《吃鲜儿》《寻味儿》《知味儿》等美食文集。

陶煜 | 美食作家

　　毕业于浙江大学,就读工商管理专业,2003年开始从事美食报道,杭州媒体人,美食奖项评委。著有《杭州味道》《杭州美食小旅行》等散文集。其著作在大气中带着活泼诙谐,细腻处有着专业见解。

肆。
他，亦是舞台

一　昨日之念，全球共此时 …… 52
二　登上舞台，即是明日的明星 …… 54
三　可持续性发展，明日永续 …… 56

伍。

周宏斌大师的15道经典菜

黑松露黄鱼，咸雪里蕻奶油汁 …… 60

水波蛋，玉米糊，黑松露 …… 66

五香三文鱼，鱼松，红甜椒酱 …… 72

花蟹，牛油果慕斯，茅台鸡尾酒汁，三文鱼子 …… 82

大闸蟹意式饺，海鲜酱汁，芫荽生姜油 …… 88

香煎扇贝，芹根泥，柑橘油醋汁 …… 96

三文鱼酥皮卷，菠菜奶油汁 …… 102

葱烧海参酿扇贝，牛肝菌烩饭，蘑菇酱 …… 108

烤散养鸡，柠檬土豆团子，蘑菇黑松露汁 …… 114

炖和牛，香草脆片，红菜头果酱 …… 120

三『羊』开泰 …… 126

意面酿鲜虾扇贝慕斯琳，香槟奶油汁 …… 132

芝士焗龙虾 …… 138

熏桂花鱼，鱼子酱 …… 144

沉鱼落雁 …… 148

壹。
盛年归来

认识那么多年，我都没见过周宏斌松弛下来的样子。

无论哪儿，都是他的主场。从杭州柏悦酒店大堂到办公室的一小段路上，他会自如地一路和熟人打招呼，有时候，还会被粉丝们截住求合影。他的步速很快，语速也很快。我和他认识二十余年了，每一次见面，都觉得他像第一次见面时那样充满激情、精确运转。

感谢橄榄树餐厅

  他的身份不断转换,从身穿白色厨衣的普通厨师、厨师长、行政总厨,到着深色西装的餐饮总监,再到酒店总经理,直至凯悦酒店集团大中华区区域副总裁。他的工作单位也一直在变换。从杭州君悦酒店(原杭州凯悦酒店)湖滨28到上海外滩茂悦大酒店新大陆,再到宁波柏悦酒店钱湖渔港和杭州柏悦酒店悦轩等数家"黑珍珠餐厅"里都有周宏斌一路勇猛前进的身影。

  如果要选最有创造力的行政总厨或者最有话题的总经理,周宏斌都是最佳人选。

  他,天生就是明星。

  周宏斌是苏州人。1989年,二十一岁的周宏斌被姑姑带到澳大利亚。很多华人移民,到了国外第一件事就是开餐馆。而那个时候,周父已在国内从商,更希望儿子学做生意,但周宏斌还是选择了餐饮行业。

墨尔本橄榄树餐厅后厨合影

初到墨尔本，周宏斌在一家名叫橄榄树的餐厅的后厨帮忙洗碗，然后尝试在厨房里寻找其他可以做的事情。在那段时间里，一位意大利服务员对他说："Peter（皮特，周宏斌的英文名），你是想再洗十年的碗，还是有其他的梦想？要是想做其他的事情，应该去外面学习更多的知识。"当时周宏斌要读书的话，需要有人担保。餐厅的老板 Emilio Manfrini（埃米利奥·曼弗里尼）伸出了援手，为周宏斌三年的学业进行担保，还在他最需要的时候给予了支持和鼓励。周宏斌工作日白天去烹饪学校上课，晚上和周末在餐厅继续洗碗和进行烹饪的实操。他所在的 Broadmeadows（音译为布罗德梅多斯）酒店管理学院是一所酒店管理类专业院校。这所学校的课程偏重经营和管理，包括怎么设计菜单，怎么核算成本，怎么进行人际沟通，怎么选食材以及怎么把创新的东西表现出来等。大多数厨师是在实践中凭着市场直觉摸索出管理经验，而周宏斌在走上职业化道路前已经打好了理论基础，具备了系统化的思维习惯。现在回看，橄榄树餐厅是周宏斌职业生涯的起点，他从这里开始了自己的厨师之路。

1993年，周宏斌加入墨尔本君悦酒店，1999年底加入墨尔本柏悦酒店。刚入行时，周宏斌就很勤奋。他说："当时我一个人可以做三个人的活。"不只对工作，对其他事物，他也有很强的好胜心。当时，厨房里有位体重达九十五千克的同事总是找他麻烦，周宏斌就进行健身训练，直到七十五千克的他把那个块头比他大一圈的同事摔倒了三次，那位同事才服气。这件事情至今还在凯悦酒店集团里流传。有些人有野心，但没有足够坚强的意志与之相配，周宏斌显然不是，他有着极其坚强的意志。身在异乡，他身上还担负着华人的责任感与自豪感。他说自己从来不是天赋异禀的那一个。"用心、勤快、认真，有激情，加上永不放弃"，这是周宏斌对自己能走到现在这一步的总结。

2001年周宏斌已经是墨尔本柏悦酒店的行政副总厨。他能做到这个职务已经是一个突破。在他之前，没有一个华人厨师能在澳大利亚做到行政副总厨这个位置。甚至，他所任职的酒店，但凡是厨师长以上级别的，清一色是瑞士人、法国人、英国人等欧洲人。

周宏斌在 Broadmeadows College 的毕业照

一个理智的选择

周宏斌对如何进入上升渠道,也有着合理的规划。2002年,周宏斌做了一个非常重要的决定——回祖国发展。这大概是他迄今为止最理智的选择,因为他有中国胃,了解中餐,也了解中国文化。

1999年,在上海的陆家嘴,一座摩天大楼——金茂大厦拔地而起。同年,金茂大厦顶层的上海金茂凯悦酒店开业。2001年,上海金茂凯悦酒店进行了品牌升级,成为上海金茂君悦大酒店,而它也是中国大陆第一家君悦酒店。彼时,上海金茂君悦大酒店兼有城市地标建筑和商务中心之利,定位不同的餐厅大多用于接待各国政要。上海金茂君悦大酒店是各种宴会、会议以及商务活动的上佳之选。这家酒店的成功是凯悦酒店集团地位的体现。那是一个属于"大酒店"的时代,国际品牌酒店的实力让人叹为观止。在上海金茂君悦大酒店任行政副总厨的两年,让周宏斌真正了解了高端酒店的餐饮运营模式。

2004年周宏斌到杭州凯悦酒店（现杭州君悦酒店）任行政总厨，筹开后来轰动一时的湖滨28。用著名美食家沈宏非的话说："湖滨28成就了一个菜系的新生。"

周宏斌做的最重要的举动是打破酒店餐饮原本的僵化模式。你是否记得，从什么时候开始酒店菜不再是"面目模糊、个性全无"的模样？又从什么时候开始酒店的餐厅成了独立餐饮品牌而非配套设施？这两个问题的答案，我认为应该是2005年杭州凯悦酒店（现杭州君悦酒店）湖滨28餐厅开业之后。

首先，湖滨28改变了当时酒店餐厅千篇一律的使用粤菜的模式。这也是凯悦酒店集团一直秉承的餐饮理念——尊重当地的风土人情、饮食习惯，又能在这个基础上不停地更新菜单，展示当地的美味和文化。

让杭帮菜原汁原味地呈现在杭州凯悦酒店（现杭州君悦酒店）餐桌上并非易事，打破它自身的严谨的酒店系统就是一项挑战。在上海金茂君悦大酒店任行政副总厨的两年中，周宏斌看到了西方人设计的酒店在硬件和流程上的一些局限。比如当时上海金茂君悦大酒店的一些厨师喜欢先将一些冷冻的食材解冻，腌好，再放到冷冻房中备用，这非常不符合中国人的饮食习惯。在湖滨28原先的设计中也有风房和冷冻房。周宏斌取消了冷冻房。湖滨28使用的食材都是新鲜的，这是一个很大的创新。

2005年7月1日杭州凯悦酒店（现杭州君悦酒店）全体厨师合影

从社会餐饮人士中找到精英人才带进星级酒店并使他们的才能得到施展，总会有一些磨合的过程。周宏斌思前想后，将繁杂的人事流程及规章制度进行了改革。这是另一个创新举动。

　　海外归来的周宏斌眼界宽广，他做菜的理念有包容性，这些是当年的杭帮菜厨师和国内大部分的餐饮人没有的优势。他带动湖滨28对杭州菜进行改造，改变了全国人民的"杭州菜只有家常平价菜"的刻板印象。一道改良版的金牌扣肉横空出世，至今也是湖滨28的招牌菜。金牌扣肉是因为杭州饮食服务集团的厨师去参加全国的各种比赛，靠这道菜屡次夺得金牌而得名的。金牌扣肉的前身是东坡肉，杭州的厨师又从当时四川的一位烹饪大赛选手做的琉璃肉造型中得到了改造的灵感，在尺寸、造型和选材等各方面对其做了提升。湖滨28的金牌扣肉搭配杭州邻近地区的以栗子为原料制作的栗子饼上桌。杭州的一款馕饼原本质地粗糙，使用的是比萨饼的做法，这其实突破了中餐厨师的知识体系，但用它夹半肥的扣肉，比较合适。湖滨28对这种饼进行了改良，用它和扣肉搭配，堪称对杭州名菜最成功的改造。

　　另一道熏桂花鱼是周宏斌与当时湖滨28第一任主厨傅月良共同研发的，热卖了十余年。灵感源自周宏斌在南京金陵饭店梅苑餐厅吃到的烟熏鳜鱼。他被其独到的烟熏风味深深吸引，便与傅月良探讨传统中式烟熏技法的要点。了解完原理后，周宏斌建议将西式的烹饪理念融入其中，把烟熏完的鳜鱼放入包装袋中抽去空气，而后再低温烹制。做好后的鳜鱼肉质丝毫不柴，切片后表面犹如大理石般光滑，入口后亦不易留渣。

　　开创者的路必然是艰难的路，"活下去"是每家餐厅无法逾越的底线。湖滨28经历了开业初期的惨淡，熬不下去的时候几乎准备改做粤菜。如果没有周宏斌坚定且果断地推动本地化改革，凯悦酒店的餐饮甚至整个杭州的酒店的餐饮，将会是另一种发展路径。

严格管理出奇迹

周宏斌在杭州凯悦酒店（现杭州君悦酒店）留下的一个"传说"，是他严格的管理。曾经在杭州凯悦酒店（现杭州君悦酒店）工作过的同事们，至今还记得他对厨房卫生的重视。担任行政总厨期间，周宏斌每天早上七点都要到厨房花两个小时检查卫生。之所以对厨房卫生狠抓不放，既源自在澳大利亚学习西餐时的职业习惯，也少不了一件小事的"推波助澜"。一次卫生局在检查厨房卫生时，发现餐厅中有一瓶进口芥末酱没有贴中文标签，因此对酒店罚款五千元。此事后来还登上了报纸。那天之后，他暗自下了决心，餐厅再也不能在卫生上出现类似情况。周宏斌留下一句话："饭每天都要吃，为什么卫生不能每天都查？"之后，酒店从每周查一次卫生改为每天都查卫生。

他检查冰箱里的卫生，也检查厨房食材的储备情况，包括储备多少、放了多久以及生熟食是否分开、是否造成浪费等细节。检查成了酒店日常运营的基础工作。一边检查一边更新标准，比如厨房不锈钢桌子缝隙中的硅胶，无论损耗情况如何，每半年都要重打一遍。标准在运用中更新、完善，并得到了不折不扣的执行。每日反复检查并没有增加运营成本,反而减少了不必要的浪费。也正是通过这样的细节打磨,周宏斌对后厨的管理更加有信心。如今杭州君悦酒店的餐厅,依然延续着每天检查卫生的习惯。

十多年中,湖滨28围绕着"国际标准和杭州灵魂"这两个点进行改善,几乎每天都有或多或少的创新。这一点,络绎不断来此参观、学习的餐饮同行都能感受到。接力棒传递到现任中餐总厨程郁手中,湖滨28依旧品质卓然。它在中国凯悦酒店集团中餐厅中稳定保持着领头羊的地位,在全杭州高档餐厅中也保持着领先地位。

更了不起的是,在湖滨28积累的经验,在周宏斌的职业生涯中一再被验证是成功的。

2018年12月,杭州凯悦酒店升级为杭州君悦酒店的那一天,有一篇回忆性的文章刷了屏,里面有一张湖滨28开业典礼上的合影。当时照片里的几十个人,还留在酒店行业的只有寥寥三四个了,但湖滨28的品质没有因为人员的变动而改变。那时的周宏斌,已经是杭州柏悦酒店的总经理了。从名厨到国际酒店的管理者,周宏斌完成了身份的转换。他的成功证明,厨师不仅可以做煎炒烹炸的案头工作,也可以尝试着走出厨房,开创更为广阔的天地。

傅月良(左),周宏斌(右)

贰。

烟火处，人情味

餐饮的核心是美食产品。

引领客人体会到本土食材的独特兼具前沿性的魅力，是中国当代餐饮人的目标。但对于高端酒店的餐厅来说，做出好的美食产品仅仅只是一方面。对于消费者来说，『高端』是一种综合性的体验。注重细节的铺陈，高空大堂中的钢琴声，窗外的都会夜色，香氛，温度，甚至服务员的装束，都是高端酒店餐饮人需要注意的。在周宏斌的系列『作品』中，每一处都充满了他的观察、认知与审美。

对酒店餐饮的超前认知

2005 年，杭州凯悦酒店（现杭州君悦酒店）湖滨 28 开业。周宏斌第一次站到了舞台中央。湖滨 28 拥有独立的品牌、招牌产品、出入口、交通动线、考核指标，不再是酒店配套餐厅的那种"面目模糊、个性全无"的模样。从这个"作品"中，大家已经可以看出凯悦酒店领导人和周宏斌对餐饮的超前认知。

湖滨 28 后来的巨大成功，让很多人已经忘记了当年寂寞且漫长的蓄客期。当时多数酒店餐厅以粤菜为主。使用龙虾等名贵海鲜请客才能表现出主人的派头，而杭帮菜，大家都觉得过于家常，没派头，卖不出高价。另外，酒店餐厅一般是以满足天南地北的商旅客人的需求为主，杭州本地人尚未养成去酒店餐厅消费的习惯。

湖滨 28 的招牌菜偏偏是一道以东坡肉为原型演化而来的金牌扣肉，因此可能更无法受到客人们的喜爱，但是湖滨 28 却成功地吸引了客人，因为这款菜堪称中式菜品改良的典范之作。从猪两肋精选出来的肥瘦适中的五花肉（通常一头猪只能提供六份原料），以精心调配的腌料腌制数小时。将肉煮好后切成块，然后用刀批成片，片片相连。一份肉批成的片全部展开后可达几十米长，放入特制的模具中，做成宝塔形，"宝塔"中嵌入笋丝。金牌扣肉相比豪放的东坡肉多了一点儿文雅之气，它不仅保留了东坡肉原有的油润柔糯，还多了几分精雕细琢的气质。这款菜原本是杭帮菜厨师参加烹饪比赛的作品。到了湖滨28,傅月良将原料进行了升级,搭配以杭州邻近地区的栗子为原料制作的饼,让食客眼前一亮。

在这里,杭州人第一次吃到了一道特殊的鹅肝菜。它使用的明明是鹅肝这种偏西式的食材,用的调料却是中式的绍兴糟卤,烹调方法又使用了分子料理技术,真是"不疯魔不成活"。这让大家有一种霉干菜不当道菜上了,而是像胡椒粉、盐那样,放在餐桌上当调料使用的新奇感。另外一点是去掉餐盘中那些花里胡哨、自作聪明的装饰品。

一系列的改变让大家发现:原来在酒店餐厅吃饭,不仅能享受盛大的宴客场面,也可以吃到美味的菜肴;原来杭帮菜在保留本味的基础上,也可以有国际化的表达。充分表现对本地名厨、本地食材和本地食俗的尊重,是周宏斌秉承至今的理念。

2013年,周宏斌担任宁波柏悦酒店总经理,依旧延续对本地元素的尊重。宁波物产丰富,"飞花摘叶,皆可成诗",但时任行政总厨张韶华制作的一道宁波汤圆以小见大——用小汤圆让客人感受到了宁波风情。餐厅茶苑中的旧石磨是专门从乡村收集来的。厨师邀请客人一起用石磨现磨糯米粉,将糯米粉制成汤圆皮,再裹入带着猪板油的黑芝麻馅儿,就制成了亲手制作版的宁波汤圆。拒绝用半成品当然影响效率和成本,但在复刻的古村落中磨糯米粉也是一桩风雅事,而客人的味觉会自动生成最诚实的体验报告。

拍摄于宁波柏悦酒店

贰。烟火处,人情味

2018年，杭州柏悦酒店悦轩进行了大胆而坚决的改革，每季菜单上都多了不寻常的好东西。比如清明时节前，将具有牛排一样厚实口感的鱼——"川乌"放到了菜单上。川乌的读音，与马鲛鱼的古名的读音在宁波话中较为相似。被宁波人框定了时间与地域，此时此地的马鲛鱼才被宁波人称为"川乌"。它的肉质滑嫩，而且在横冲直撞的生猛中有着细腻的鱼鲜和豪迈的回味。它是这个季节入口抵心的美味。

另一项对餐饮行业影响至深的革新则是周宏斌和杜才清共同开创的——随四季的变化更新时令菜单。2008年，周宏斌再次来到上海，成为上海外滩茂悦大酒店的行政总厨。当时，外滩茂悦刚开业不久，在运营上遇到了许多困难。集团意识到需要采取行动来改变现状，于是将周宏斌调到了这家酒店，希望他能利用在杭州凯悦取得的成功经验，让外滩茂悦走出困境。周宏斌邀请了具有丰富餐饮经验的杜才清加入团队。杜才清在菜单设计中注入了时令概念，在一年一改的大菜牌中加入春夏秋冬四个小菜牌进行补充。这个创举对讲究"不时不食"的江南系餐饮影响至深，到如今时令菜牌几乎已成高端餐厅的标配。

高端餐厅的核心竞争力是主厨，而管好餐厅，从来就不是靠主厨的一己之力。在组织架构和资源调度层面，需要有担当的人来承担风险。填平酒店餐厅和其他类型的餐厅的人员流动的沟壑，就需要有人承担风险。筹备湖滨28的时候傅月良还是味庄饭店的厨师长，被周宏斌挖掘。这也成了傅月良职业之路上的重要的转折点。周宏斌有国际化的眼光和思路，傅月良厨艺精湛、才华过人，两人协同作战，各领风骚。除了傅月良，程郁、杜才清、吴国俊、尉晓俊、周国荣、邹靓等人都曾经在年轻时被周宏斌慧眼识中。周宏斌给予新人引导与灵感，支持他们突破传统思维框架，帮助他们规划职业生涯，这些行为让他成为业内公认的明星人物。这也是一种创新吧。

体验，比味道更让人难忘

周宏斌主持的宴会，一定有一些比山珍海味更让人难忘的东西。

在杭州凯悦酒店（现杭州君悦酒店）仲夏夜慈善晚宴上，时任行政总厨的周宏斌亲自骑着摩托上台，穿着运动背心和运动短裤，还套着件画了八块腹肌的围兜，戴着墨镜，亮出了晚宴的最后一道菜品——梦幻巧克力。四十岁的他露出健美的肌肉，疯狂且自信。

在宁波柏悦酒店的"大梦想家"晚宴上，来宾要先经过宴会厅序厅中的老宁波集市。序厅内的"柴米油盐茶"与主厅内的"琴棋书画花"分别代表现实与梦想。来宾穿过序厅和主厅仿佛穿越了现实中的与梦想中的两个不同的时空。在晚宴中，所有菜肴都以"琴棋书画花"为名。冰雕的"古琴"前菜别具新意——醉虎虾卧于"冰床"之上，清新雅致。这道菜里的三十年状元红酒制成的啫喱，配上鱼子酱，从上到下打动众多食客。鱼子酱咸鲜跳跃，啫喱冰凉爽滑，虾肉脆弹鲜甜，层次分明。

2020年，杭州柏悦酒店承办的凤凰网美食盛典金梧桐江浙餐厅指南发布晚宴上，上百位来宾都得到了一本以"凤凰网美食盛典"字样为封面的中空的书状餐盘。别家是"书中自有黄金屋"，他家是"书中自有好滋味"。打开"这本书"，里面是五款精致的前菜拼盘。

2020年,杭州柏悦酒店承办的黑珍珠悦味晚宴集结了集团旗下六家"黑珍珠餐厅"的明星主厨与两位特邀主厨,让他们联袂献艺。媒体朋友、餐饮界大咖及各界贵宾共襄盛举。这是一次舌尖上的巅峰体验。大家从进入晚宴会场的那一刻,就能体会到周宏斌与众不同的心意。摆台并非是常见的U型长桌,或者喜宴式的圆桌。他们用的是钻石形的桌台,内设是钻石形的背景灯,灯光颜色随着场景的变换而变化。光洁、镜面形的餐垫,反射着晚宴现场的各种光,天花板上的偌大的钻石亦倒映其中。菜单是一座钻石形状的定制水晶牌。宾客既可以方便地浏览菜单,也可以将它当作晚宴的纪念礼品收藏。晚宴由八位主厨共呈现了八道主要菜式,大轴之作空心面炖龙虾慕斯由周宏斌亲自上阵制作。首先将小青豆用黄油炒香,加入奶油煮熟,加入薄荷叶,打制成泥,注入每一条空心面中。将鲜龙虾肉、扇贝及鲜虾肉制成慕斯。其中的美丽时光桃红香槟奶油汁是将小洋葱和大蒜炒制后加入美丽时光桃红香槟,多次烹饪后,再加入新鲜黄油、柠檬汁与桃红香槟制作而成的。这款酱汁酸甜适中,与口感滑嫩的龙虾慕斯搭配相得益彰。成品颇为清新。

贰。烟火处,人情味

此次晚宴的最后部分，由几位明星主厨一齐上阵，将七款甜品端至客人面前。主厨们介绍甜品的口味及特色后由宾客自由挑选。这个创意既符合"倡导节约，杜绝浪费"的理念，又可以让宾客根据自己的喜好品尝美食，同时也传递了柏悦俭奢由心的特色。见多识广的嘉宾们也纷纷发出赞叹："周总，您的宴会果然和别的地方不一样。"

杭州柏悦酒店一年有许多宴会，从十几人的小型的会员晚宴，到数百人的大型婚宴，数不胜数。宴会是酒店利润来源的重中之重，宴会数量是检验一家酒店专业水平的重要标准。只要酒店硬件条件能支持，任何一家酒店都不舍得舍弃宴会这块大蛋糕。周宏斌看重的是潜在市场——宴会来宾大多是受邀而来，又和宴会主人属于同一个圈层，是非常精准的潜在客源。来自客人的反馈显示，确实有不少人是因为参加宴会走进杭州柏悦酒店，最终成为柏悦的客人的。

但宴会客人来源多元，需求五花八门，讨好所有人的味蕾不是易事。承办一场完美的宴会，厨师的精湛的厨艺是必需的，另外还需要高质量的服务。周宏斌不仅能掌控幕后的各种繁杂程序，保障宴会的井然有序，也善于创造震撼全场的高光时刻，超越主办方和来宾的预期。

宴会尾声处，来宾尚沉醉在甜品的惊艳中，周宏斌还是和往年一样带领团队谢幕。那种专业度、勇猛前进的气场让你觉得把过去、今天和未来都交到他手里也是放心的。

很多人因为宴会记住了周宏斌。他是主理人，亦是明星。

早餐——殿堂中的烟火气

陈晓卿说起过一个关于早餐的故事。蔡澜先生来京，陈晓卿和蔡先生约定在蔡先生住的酒店吃早饭。陈晓卿见到蔡先生后，蔡先生点了京味早餐套装：粥、豆腐脑、火烧和小菜。陈晓卿犹豫半天，还是要了西式套餐。蔡先生不解，问："为什么在北京不吃当地的美食？"这个问题还真不好回答。在陈晓卿看来，酒店里是没有好早餐的，好吃的早餐都在居民区的寻常巷陌中，在冒着烟火气的地方。比如你可以站在锅灶前跟店老板说着咸淡，或者用筷子在卤蛋的锅里仔细寻找最入味的那一个……这种感受在酒店里永远无法实现。所以，哪怕再麻烦，爱吃的人也会走出酒店，去找最本地化的小吃。只是对于行色匆匆的商务人士来说，留给早餐的时间不过十到二十分钟。觅食之旅要是花一早上时间，那就太奢侈了。

我们回头去看酒店早餐的逻辑。酒店的核心功能是满足客人的住宿需求，早餐服务的运营逻辑与酒店的定位和目标客户群密切相关。直观地看，如果早餐费能成为房价的一部分或提供早餐作为附加服务收费，且早餐的成本能得到有效控制，那么早餐可以成为酒店的利润来源。当然，还有一个隐性增长点就是高质量早餐服务可能吸引来更多客户，且能有效提高客户满意度和"忠诚度"。当酒店早餐不再是冷冰冰的形式服务，而是真正通过食物与消费者建立起情感关联时，早餐开始变得具象化，就像电影《四海》里阿耀对欢颂的表白："希望你以后住的每一个酒店，都是含早的。"

2013年，周宏斌到宁波柏悦酒店任总经理后，叫醒客人的不是梦想，而是早餐。面朝东钱湖，游泳池前的大饼摊位是宁波柏悦酒店最著名的招牌。上好的面粉经过十二小时的发酵，恰到好处。大厨守着一口传统的炉子，在客人面前做好面饼坯，贴在火热的炉膛里烘熟，再用长柄火钳夹出热烘烘的烧饼。烧饼有咸甜两种口味，咸的是抹了猪油的，甜的是撒了红糖的。猪油烧饼香脆可口，红糖烧饼甜而不腻，都在阳光下散发着诱人的香气。"师傅！多加葱！烤两个！"还有中式早餐档口的小师傅现切现炸的冒着热气的油条，不论是用大饼包裹着吃还是撕开放进咸豆浆里，都非常吸引人。要吃，请趁早。

从"味道"到"到位"，兼顾细节和全局，是周宏斌的产品观。

宁波柏悦酒店的大饼炉子直面东钱湖，有白墙、灰砖、黑瓦。没有复杂的颜色，没有多余的线条，只有简朴的线条和简单的色调。这些元素给城市里压抑已久的心带来难得的解放，营造出其他奢华品牌酒店难有的朴实的早餐场景。湖风轻轻吹拂着尚未睡醒的脸，桌子上的食物瞬间变得更加美味，最美的人生体验就应该如此。此处的仪式感在于每一张饼都要现烤，每一个包子都要现做，有时候还需要客人等上三四分钟。大家就端着各自的盘子围着炉子攀谈起来，贪恋的也是别处高档酒店少有的闲适。这种仪式感本身就会成为度假的重要体验之一。

早餐现做这个美好传统，从宁波柏悦酒店"蔓延"到杭州柏悦酒店。在杭州柏悦酒店，除了有传统的"猪油大饼"和"红糖大饼"外，还有时髦的"黑松露火腿大饼"和"巧克力大饼"。很多不怎么吃早饭的"头部网红"争相早起来"打卡"——谁不想成为柏悦大饼的"野生代言人"呢？

不过，杭州柏悦酒店的早餐符号是热腾腾的两头乌鲜肉大包。金华两头乌猪是实至名归的世界名猪，中国四大名猪之一，是国家重点保护的地方畜禽品种，也是唯一入选《中欧地理标志协定》的中国土猪，有可爱的"中华熊猫猪"之称。肉包子的皮使用的是江南酒酿老面发酵法。老面成分比较复杂，产生的风味物质较多，所以做出的面皮味道浓郁，更能衬托出肉馅的鲜美和油香。

杭州柏悦早餐厅的每张桌子上都有一张小菜牌。各种烹调方式做的鸡蛋美食以及中式的面条、馄饨等都是现点现做，将温度传递给每一位早起的顾客。你很难想象一张自助早餐餐桌上会有菜牌，而且餐厅可以同时容纳一百五十多人，这更是对团队默契度的考验。

对于一家高档酒店来说，细腻入微的服务可以让客人留下很多记忆点。现任总经理卢晓璐接棒后，丝毫没有降低标准。宾客们多年后回想起在杭州柏悦的那个早上，心里还是会绽开美滋滋的小花。

四

酒吧——"潮流人士"出没地

"潮流人士"和"头部网红"多少，是检验一家酒店"潮流度"的标准。杭州柏悦酒店的潮酒吧，几乎是所有到过杭州的"潮流人士"都留下过"打卡"照片的地方。

这家人气超高的潮酒吧位于杭州柏悦酒店所在大厦的四十八层。潮餐厅和潮酒吧将四十八层一分为二，其中面向钱塘江的一面被酒吧占据。一条从墙面伸出一点五米、距离地平面二百多米、七百二十度全透明的玻璃栈道是空间的亮点。这里是杭州的求婚圣地。毕竟能在二百多米的高空中，在透明玻璃上单膝跪下，那必须得有"赴汤蹈火"的勇气，而被求婚者也能感受到强劲有力的"心动的感觉"。除了高度和景观的加持之外，乐队演出以及丰富的主题派对也功不可没。觥筹交错间，宾客们不知不觉肾上腺素飙升，酒吧的营业额也就屡创新高。在前两年，很多酒店都选择砍掉硬装预算，周宏斌却为潮酒吧安装了价格不菲的3D沉浸式全息投影仪，在墙面上贴上3D纸。3D纸白天不影响采光，晚上可直接用于投影，而且效果更加生动、立体。或许是因为视觉效果提升了，酒吧的业绩比以前更好了。

潮酒吧的生意让人艳羡，而周宏斌还常常想起宁波柏悦酒店的"红"酒吧。宁波柏悦酒店有一处神秘的红酒吧。这个红酒吧是由一座有着近七百年历史的江南古典府邸改建而成的酒吧。它的特色是有昆曲演出。宁波柏悦酒店刚开始引入昆曲演出的时候，来自上海戏剧学院的演员们在大堂展示身段，口张开但不发出声音，以录音作为背景音乐，专业说法叫"音配像"。这种表演形式无边界感，演员与建筑等背景融为一体。周总说，来都来了，索性让演员们登上舞台真正地演一演吧！在红酒吧看昆曲演出，不同于在大剧院中，在大剧院观赏昆曲有距离感，而在红吧观众甚至可以看清演员吹弹可破的皮肤和戏服上清丽素雅的刺绣。三面吧台将平时用于打碟的舞台围绕，戏中人从富贵温柔中走下来。观众流连在如花美眷的缠绵中，就着威士忌欣赏昆曲，一时间不知今夕何夕。

从昆曲的元素在宁波柏悦酒店第一次亮相，到两位昆曲演员在酒店驻场再到登上酒吧舞台演出经历了漫长的培育期。周宏斌素来以"速度与激情"著称，为什么这一次间隔如此之久？周宏斌的回答如此温柔、细腻："正因为昆曲如同温室中的玫瑰般娇贵、美好，所以需要足够的养分和更周全的呵护。"两位演员的安保工作对于酒店来说是个大考验：孩子们会不会吵吵嚷嚷影响到演员表演？如果有客人要求合影又该怎么应对？为了让演员安心，周宏斌特别安排了两位保安保障演员的表演。

更重要的是，10月之后，东钱湖旅游将进入漫长的淡季。细心的周宏斌担心演出缺少观众打击到演员的信心。在宁波柏悦酒店红酒吧生意起起伏伏的两年，周宏斌几乎每晚都坐在观众中间。有他在，演员和职工就多了几分信心。也正是因为在昆曲中浸润了整整两年，周宏斌收获了无限的艺术灵感。

而红酒吧，仿佛一朵玫瑰花终于在大家的热切期盼中绽放。它成为度假村业态中为数不多的酒吧案例。

拍摄于宁波柏悦酒店

叁。

台前场面，幕后心法

只要在杭州柏悦酒店喝过一次下午茶，你就能从一份甜点里感受到周宏斌的『产品力』。

能获得持续的成功一定是有方法、有体系的，我们记录下一些关键因素：爆品的塑造，卖点与价值点的挖掘以及围绕产品的服务流程和细节打造……有坚持与热情，也有思索与变革。

但如何让产品如箭矢一般指向那个既定目标，绝不同的餐饮人有不同的理解和操作方法，此事要躬行。

一双能发现美的眼睛

谈到周宏斌,"创新"是围绕他出现的频率最高的字眼。他的想法,让客人的眼睛和味蕾"放肆且任性",让客人留恋。很多餐饮同行去周宏斌的酒店"拷贝"他的创意和爆款产品。

周宏斌从不照搬别人家的想法,在他看来,好的创意不是"造"出来的,而是"生"出来的。无论在哪家酒店、哪个城市,他都能敏锐捕捉到当地独一无二的"文化基因",并把它们以艺术的方式呈现在客人面前。

"原来姹紫嫣红开遍,似这般都付与断井残垣。良辰美景奈何天,赏心乐事谁家院。"谁能想到,宁波柏悦酒店入住和退房最繁忙的午间时段,两位昆曲装扮的妙龄女子准时出现在大堂,水袖轻挥,眼波流转,在昆曲的伴奏声中缓步穿梭。演出与廊外烟波飘渺的水池交相呼应,此时此地宛若仙境。

2013年10月1日,周宏斌担任宁波柏悦酒店总经理不久的时候,大明星周杰先生第一次来到宁波柏悦酒店,被东钱湖的美景和江南水乡的灵动深深感染。酒店外云霞翠轩、烟波画船、花开月落的美妙景致,让人沉醉。如果能将昆曲的清雅飘逸与酒店的静谧安逸搭配起来,会带给客人怎样的体验?周杰将文化元素和本地景致相结合的点子恰好和周宏斌希望打造"最中国"的想法不谋而合。之后，周杰便开始联系上海戏剧学院，挑选演员，选择曲目，定妆，试演。为了确保昆曲表演原汁原味，以及将昆曲表演更好地和宁波柏悦酒店的江南气质相融合，从挑选演员到选择曲目，再到演员的眼神、走位，都由周杰亲自指导。

2013 年 10 月 18 日，宁波柏悦酒店的二十多位高管接到通知，要求他们准时在酒店大堂集合。通知里除了时间、地点，什么都没有透露。忽然，酒店大堂常规的背景音乐换成了昆曲音乐，两位演员袅袅挪步，翩然而至。那一刻空气瞬间凝结，大家都不敢相信自己的眼睛，心醉神迷，流连忘返。

后来，在现代酒店的园林实景里进行的昆曲演出成为宁波柏悦酒店的一大特色文化名牌。昆曲为宁波柏悦酒店增添了文化内涵，酒店的自然之美和历史建筑成了优美的舞台背景，给酒店的客人们带来了"姹紫嫣红东钱湖畔，赏心乐事宁波柏悦"的别样感受。

宁波柏悦酒店有一款可以随身携带的下午茶礼盒。礼盒由十二款点心组成，其中包括六款甜点与六款咸点，被命名为"柏悦红伶，游园茶歇（Take a Park Break）"，既取 park 的园林之意，又代表酒店的品牌 Park Hyatt，一语双关。外包装上的昆曲名伶脸谱来自中国美院老师的精心设计，从构思到定稿耗时两个多月。美院老师修改了数十稿。而盒子外观选用水蓝与中国红为主的色调，中西合璧，让人觉得耳边似有昆曲名伶清雅优美的吟唱。用昆曲脸谱作为形象标识，人人赞同，而一直致力于艺术与文化传承的柏悦，让中国的传统戏曲第一次在国际品牌酒店中得以呈现。周宏斌是苏州人，从小就对昆曲有一定的了解，经验最终内化成能力——这是一个提炼的过程。昆曲和宁波柏悦酒店的跨界合作，看似是周杰的妙手偶得，其实和周宏斌随时观察、专注于思考的习惯密不可分。

当我们说起名厨，我们会说到天赋，也会说到勤奋，但很少说到他们对艺术的理解。但谁又能否定，好的美食产品就是一种艺术品呢？周宏斌用艺术的视角回答了"在大同小异的酒店产品中，为什么你的酒店和餐厅能让人难忘？"的问题。将产品做成艺术品是一套方法论，也是一道把产品输送到消费者心里的桥梁，更是一种使品牌、产品与消费者之间产生情感连接的沟通方式。

图片中间是中国男子游泳运动员孙杨
孙杨左边是 Andy Zhou（周宏斌儿子）

寻找和挖掘

  凯悦酒店集团以臻选食材、悉心烹制作为理念，其领先的餐饮开发水平、服务水平与客房设施等并驾齐驱，受到了大家的关注。尤其是在出行受阻的三年中，其餐饮方面的优势得到了充分施展，让同行羡慕不已。2024 年，凯悦旗下十家餐厅荣登 2024"黑珍珠餐厅"指南，在这份"备受中国食客推崇的榜单"上收获十一钻，在酒店餐厅中独树一帜。此外，杭州柏悦酒店悦轩中餐厅融合了粤菜与杭州名菜特色的菜品"沉鱼落雁"获得了"年度菜品奖"——这是"黑珍珠餐厅"指南创榜以来首个年度菜品奖项，旨在鼓励菜品研发和本土食材的推广。

  杭州本地人打开杭州柏悦酒店悦轩中餐厅每一季的新菜菜单，都能找到一些亲切的菜名，胃口一下被高高吊起：明前龙井茶鸽蛋酿鹅肝、糖醋杭椒浸虾蛄……那些食物的气息，凝结着时空流淌的印记，成为一座城市隐形的味觉记忆。从传统技法中寻找灵感，从本土中挖掘食材，将时令、传统技法、风土、风味、人情组合起来进行表现，是周宏斌和他的团队努力的方向。

  春天的时候，大部分江南人的餐桌上都有一道腌笃鲜。这道菜非常家常。新腌的南肉、刚冒尖的春笋、新鲜猪肉，三种食材放在一起，不需要另外加盐，我们就可以慢悠悠等着文火把它们驯服于一锅白汤之中，简直无需厨艺。腌笃鲜里的"笃"字用得很传神,既是象声词,描述小火炖煮时发出的嘟嘟嘟的声音;又是形容词,描述食材的形状为笃实的小厚块;还是副词,表达了"笃定鲜"的赞美之意。标准的腌笃鲜,多加任何配菜与额外的调料都会被视为异端,但悦轩春日菜单的腌笃鲜却有多种版本。比较让人难忘的是一道用杏仁汁做汤底的花胶腌笃鲜。杏仁辨识度极高的坚果香气和高汤竟是如此相配。汤底除了有咸鲜两种猪脚的浓香丰腴,还有一大片花胶的爽滑幼嫩。花胶腌笃鲜是犒赏眼界、想象力的上品之作。

甚至,只在古书中出现的盐甑糯米笋也在这里再现餐桌。所谓盐甑,是古代的一种烹饪方式。将笋裹在盐里蒸熟之前,先在春笋的笋筒里面塞满调拌好的糯米,做出的正是江南滋味。到了悦轩餐厅,只取嫩笋头,焯水后入高汤,加金华火腿同煨十五分钟左右。金华火腿出自浙江本地,炖出的高汤浓香。糯米用火腿高汤浸泡后沥干,与煨好的火腿和花菇粒一同酿进煨好的笋中,加火腿高汤、鸡油,再用盐裹好蒸六分钟,即可做成"鸡油火腿糯米笋"。所谓食不厌精,因循季节的变化,悦轩的厨师团队不厌其烦地将时令珍鲜融入菜中,耐心地传承着中国人"应时而食"的饮食哲学。杭州的春天美好而短暂,但春天的美味被收藏到心里,一直到晚春甚至端午。

中餐丰厚的土壤,让现代餐饮有了取之不尽的灵感,也是一切现代料理的根基。"我们超越了食物本身的内涵,就是想将中国传统美食文化发扬光大。"这是周宏斌先生对烹饪的态度。他的身体力行,让更多人可以体会到中国本土原生食材的独特魅力,也让中国菜成为一门有特色且通行的"国际语言"。

叁。台前场面,幕后心法

在熟悉中找到陌生

美国广告大师詹姆斯·韦伯·扬说，创意就是旧元素的新组合。

旧元素让人有熟悉感，新组合让人有陌生感。旧元素的新组合，让人既熟悉又陌生。在餐饮行业，新与旧的碰撞做出的产品，既是传承品也是创新品。这样的产品亦是艺术品。此言非虚。艺术的背后，是坚守，也是打磨。

杭州柏悦酒店悦轩中餐厅的招牌菜"沉鱼落雁"，就是这样被打磨出来的。

这道菜的灵感来源于粤菜"鸽吞燕"。江南厨师善于制作鱼丸，使用杭州名菜"清汤鱼圆"的技术，将鱼去骨，鱼肉刮成鱼蓉，再制成闻名遐迩的宁波汤圆形，将一些材料放入汤中和鱼丸一起低温慢煮。这道菜肴中国风味十足，但是又融合了法餐的烹饪原理及技术，口感鲜美，独具一格。汤勺的起落间，汤汁的精髓便呈现在那方寸之间，让人吃一口便心满意足。

著名美食家，《舌尖上的中国》总顾问沈宏非先生于2019年2月在悦轩中餐厅品尝此菜，对其汤汁的清甜及鱼丸的软嫩尤为赞赏，详细询问其烹饪材料及过程。因享美食于杭城云端餐厅，美味与美景相结合，而且这道菜滋味上"鱼""燕"互通，颜值上沉"鱼"落"雁"，故沈先生将其命名为"沉鱼落雁"。从此，这道菜有了艺术化的名字。

青山也需白云绕,绿水还需依青山,绝美佳肴亦离不开餐具的衬托。杭州柏悦酒店精选已有百年历史,融汇东西文化风格,以鲜艳生动的高温釉面而著称的法式丽固瓷器作为该菜肴的容器。瓷器上镶有"沉鱼落雁"四个字。2020年10月,著名书法大师、中国美术学院教授、中国书协理事王冬龄先生于悦轩中餐厅品鉴"沉鱼落雁",宴席间对其赞誉有加,闻其典故,遂书写"沉鱼落雁"四字,署名盖章,以示喜爱。该作品磅礴大气、酣畅浑厚,经装裱后呈于悦轩中餐厅包厢以供食客欣赏。

周宏斌一直想利用平时无人问津的杭州柏悦酒店后场的一处场所——工程部地下水泵房,举办一场炫酷的创意鸡尾酒派对。沈宏非先生则在这一绝妙创意的基础上,建议从"地下"一直吃到"天际",切换多个场景,使客人随着楼层的上升,享受不同的美食。历经团队七个月的打磨,一场"悦食越HIGH(高)"的盛宴,终于在高达二百三十米的高楼中落地。

当晚,宾客陆续来到一楼集合休闲区,渡过以魔术表演开启的魔幻精彩的夜晚。这场盛宴以人事部员工练歌房作为中转站,员工在这里给客人分发眼罩,引领客人开启探索之旅。来宾戴上眼罩后,怀揣着紧张、期待和好奇的心情,随着工作人员前往神秘地带。隐藏在后场区域的神秘空间——工程部水泵房内的一场极具"赛博朋克风"的派对即将开始。纵横交错的管道遍布头顶,银色油桶成了酒桌。伴着酷炫节奏,屋顶喷下白色气柱。身着荧光色服装的舞者在灯光加持下的表演更具动感,来宾也融入其中,跟着节奏舞动起来,"嗨翻"全场,尽情尽兴。

"悦食越 HIGH"美食美酒之旅的宴会长桌摆在游泳池旁,用玻璃做桌面。周先生还给长桌增设了斑斓多彩的丝绸及灯光。这场盛宴不仅具有艺术气息,更有俯瞰钱江新城城市景观的别样体验。晚宴由杭州柏悦酒店的明星厨师团队负责,在不同楼层奉献不同的佳肴,共呈现十道菜式。每道菜都令宾客赞不绝口。菜单的设计以万象城这座高楼作为主题,宾客可以在相应楼层查看菜单,从低到高品味佳肴,契合"悦食越 HIGH"主题,这也是提供给客人的隐藏惊喜。工程部水泵房和人事部员工练歌房原本都是不对外开放的后场设施。只有做到内在整洁锃亮,才会将后场区域展示给各位来宾。杭州柏悦有这个信心才敢于如此操作。可能只有在杭州柏悦,客人们才能拥有如此非凡难忘的体验。所谓对餐饮体验的极致追求,莫过于此。

这个时代,可供选择的美食无限丰富,远超所需,客人的倦怠也随之而来。我们都在说创新,但是什么样的创新是顾客需要的"新",这是一个永远都没有标准答案的问题。但一个能将熟悉变得陌生,又让陌生有点儿亲切感的餐厅,总会让人无法拒绝。

理解需求

持续了四十多年的高速的经济发展,铸就了中国餐饮业的繁华盛景。很多头部企业在懵懂中搭上电梯走到巅峰,忽然感到了一种山雨欲来的紧张气息。一个时代落幕,另一个时代展开,然而具体的时间节点在哪里?答案并不清晰。在这个快速发展的时代,没有人能预测未来。

2019年后的每一年,都被定义为不平凡的一年。餐饮增量时代过去,存量微利时代降临。消费者既要品质,又要品牌,还要社交场景,更要超级性价比,且要创新……在这些堪称苛刻的要求之下,只有洞察深刻并且变革迅速者能生存。

什么是洞察力?简单说,洞察力就是透过现象看本质的能力,但这还不够,我认为还要加上快速锁定关键问题的反应能力,以及把控问题、对症下药的执行能力。

杭州柏悦酒店的下午茶产品一直在业内有口皆碑。你会在这份下午茶产品中看到什么？悦厅，三十七层高楼，五米高的落地玻璃，二百七十度都市景观……这些就足够让人心驰神往了。周宏斌看到的是装甜品的传统的层架，要么是双层甜品架，要么是三层甜品架，虽清清楚楚、一目了然，可也少了些惊喜和趣味。如果第一次来打卡的小姐姐们、小哥哥们是为了地标而来，顺路喝了一次下午茶，那下一次柏悦能给大家创造哪些复购的理由和主动传播的素材呢？

2020 年，杭州柏悦酒店对下午茶产品做了全面的创新。全新改版的下午茶产品名叫"柏悦欣喜"，颠覆了传统的下午茶层架造型，转而采用位上小食与甜品车派送相结合的形式。一辆装载着十几种甜品、一直在大堂内游走的甜品派送车，让客人有了更多的选择。这是杭州第一辆甜品派送车。铜色的边框与环境巧妙融合，又不会带来强光反射。派送车全身都用透明亚克力包裹，安全又贴心，同时宾客可以清晰地看到车上的点心。配送车全程由服务人员在悦厅内推着，里面有覆盆子芝士蛋糕、烤杏仁奶油焦糖苹果挞、提拉米苏及一系列季节性甜品。食客可以随时招呼派送员来到身边，按照自己的喜好，任意挑选甜品。这里的餐盘、桌布、靠枕甚至服务员的工作服都是定制的，因此在这里享受下午茶，出片率甚高。喝一次下午茶出的片怕是"九宫格"都不够用。

周宏斌捕捉到的另一大需求是很多客人爱下午茶的氛围，但常常为下午茶套餐都是二至三人份而感到受约束。这套"柏悦欣喜"按位售卖，从此下午茶的时光可以属于一众好友，也可以自己独享。还有一个隐藏的小心机——这种售卖方式巧妙地拒绝了拼单客人。

还有一种需求——想带走一份难忘的下午茶体验，在自然胜景里或者家中与朋友分享喜悦。这个需求也能在柏悦得到满足。柏悦酒店有一款与独立艺术家金耕老师的艺术创作《此岸彼岸》联名的茶歇礼盒产品。两层提篮内含六款甜点和六款咸点，中间夹层填充冰袋用以保鲜，并配有刀叉、小碟，方便外带享用。美食连结了惬意生活与艺术品味，激发视觉与味蕾的感知。

主动选择有要求的客人

服务行业的通识是来的都是客，识别过客，吸引潜客，稳定常客，日日如常。周宏斌最希望合作的客人就是有新要求且又有充足的预算的客人。这些能提出新要求的客人代表着这个变化的世界。他们与酒店彼此成就，共生。

2011年的秋天，周宏斌在上海外滩茂悦大酒店担任行政总厨的最后一天，主持了一场"外烩"，这是他职业生涯中若干个最难忘的时刻之一。

所谓外烩，指的是团队走出酒店宴会厅，去外面承办宴会。在主人家中或者主人指定的场地举办的宴会里，外烩服务供应者负责搭建场地和提供烹饪等专业服务，而且食物材料也由外烩服务供应者提供。对于酒店来说，一般情况下规模决定收入，既然餐位数量是既定的，那么酒店可以靠扩展场地来提升收入，因此外烩可以提供一笔不小的收入。但外烩难度不小，将成百上千的桌椅、刀叉、筷子、玻璃高脚杯等运送到场地，从无到有，迅速搭建出一个可容纳成百上千宾客同时进餐的平台，需要周密的规划。客人带来了充足的预算，也带来了高要求、高期望。这类客人是最能触动周宏斌创作激情的客人。

连续四年应法国旅游发展署大中华区总经理邓佳琳女士（左）
邀请主理法国旅游推介会年度晚宴

这一次，条件似乎更为苛刻——甲方是德国的一家有着上百年历史的电梯制造商，要求在上海的一间简陋的厂房中搭建平台，宴请一百五十位客人。在方方正正的厂房中摆出十五张桌子，用鲜花装饰，这样的命题对于周宏斌来说似乎过于轻松了。

挑战来了。

在看场地的时候，他发现厂房实在太简陋了，无法呈现精彩的宴会效果。就在一筹莫展之际，周宏斌看到车库里有三辆三米宽、六米长的平台车，剧本顿时在他脑子里构思出来。接下来的筹备阶段，艰辛但充满了激情。他拿出画笔，画出了宴会效果图，又拿起老虎钳，改造平台车。

宾客用完主菜后，宴会达到了华彩的一刻。光线瞬间变暗，卷闸门缓缓上升，每张台面足有十八平方米的三辆平台车载着甜品台，沿着预先埋好的轨道缓缓驶出，停到了中间的舞台上。为了能让平台车上的甜品和装饰品熠熠生辉，周宏斌亲自为平台车覆盖上闪光的镜面玻璃，将全部盛器都使用玻璃器皿，并在厂房上方装饰了射灯。音乐渐起，射灯瞬间点亮，老厂房变得摩登且奢华。眼前的这一幕，是魔术吗？足足有十分钟，闪光灯四射，观众被震惊得无人起身。晚宴后，宴会的主人向周宏斌表示感谢："我们是有着上百年历史的老品牌了，在德国也办过无数宴会，但你的这场宴会，在这一百年中无人能及。"

这并不是周宏斌得到过的最高赞誉。

叁。台前场面，幕后心法

他曾经连续三年为法国旅游部门的一位官员主理旅游推广晚宴。这位有着三十多年工作经验、五个国家履职经历的官员也是周宏斌的常客之一。他在中国任职期间，周宏斌去哪个酒店赴任，法国旅游部门的宴会就在哪个酒店举办。周宏斌曾经在宁波为他主理过一场晚宴，让他印象至深。当时，这位官员向周宏斌表示，这是他三十多年中参加过的最好的一场宴会。当周宏斌到杭州柏悦酒店后，他诚意满满地向这位法国客人表示："我一定要努力把今年的宴会做得比宁波那场更好。"对方却表示："可惜你不会有这个机会了。因为，宁波的这场晚宴，我带去了五十多家旅游公司的总经理，他们为晚宴打分。那一场，已经是满分了。"

系统和标准

一个灵光闪现的点子变成一个创意，无数创意聚合成一道菜、一场宴会，进而使企业成为市场的排头兵。在传统行业中创造新体验，有创意就不易，更难的是执行，其中有无数细节的纠结、打磨。细微之处，才见真功，但这正是餐饮业的本质。从没有一蹴而就的成功，无论是菜肴还是宴会，都是历经几番打磨才落地定型的。

只要酒店当天有重要宴会，开餐两小时前，周宏斌的身影一定会出现在厨房，他会对备餐情况进行一对一的巡检。现场的复核也必不可少。足够的备料是最重要的，普通的餐饮点单一旦缺货还可以和客人商量改成其他菜品，而宴会在备料上一旦出错，根本不会有弥补的机会。然后是质量。"看，三文鱼这里的血没去干净，再处理一下……""馄饨要做得高一点，像人一样挺拔。""蒸箱准备好了吗？现在几度了？"

为什么要提前两小时呢？万一发现问题，有一定的时间进行调整，也留有余地改善，使宴会办得更好。

餐饮行业讲究日日勤勉，但强调勤勉只是餐饮品牌管理的 1.0 时代的事，还需要科学的管理系统。周宏斌是埃科菲厨皇协会的中国区会长，该协会沿用至今的现代西餐烹饪系统是由厨皇奥古斯特·埃科菲创造的。该系统条理清晰，分工合理。周宏斌所在的酒店一般使用的就是这一个系统。

隆重的主题宴会大多提前三个月就开始筹备。项目小组成立后，会启动一张"关键路径法"表单。"关键路径法"可以追溯到20世纪40年代的曼哈顿计划。鉴于这个改变世界的项目的雄心、规模和重要性，因此科学家及其背后的管理人员开发了多种管理技术，以确保该项目能够按时交付。作为一种项目管理技术，"关键路径法"相当出色。举办一场柏悦"美食与美酒"宴会时，这个表单会列出启动时间，相应的要求会发送到厨房的各个部门。工作内容、完成时间和责任人明晰。到每个时间节点，关联部门都会把追踪结果反馈到同一张表单上，并肩作战，共同推进。

即便多年之后，一起在杭州凯悦酒店（现杭州君悦酒店）工作过的同事都会对周宏斌每天早餐七点钟到场，花两小时去查所有跟厨房设施、卫生等有关的事物的场景记忆犹新。那时候，凯悦酒店引入了FSMS（食品安全管理体系），后来又升级分别通过了HACCP（危害分析和关键控制点）和ISO22000（食品安全管理体系国际标准）。无论是收货、存储，还是冰箱和食品的温度，统统不容忽视。在周宏斌看来，厨房中没有哪一部分更重要，因为每一个人、每一个冰箱风口和每一张不锈钢桌子的缝隙都同等重要。只有保持对每一个细节的关注和严格把控，才能确保食品安全和客人的健康，确保餐饮服务达到最高标准。这样的严格不会增加过多的运营成本，反而减少了不必要的食物浪费。

凯悦酒店集团还有一份《TOP（直译为顶端）20餐饮基本原则》。从材料采购、菜品种类，到卫生、菜式风味、服务品质等均有对应的标准，它覆盖了酒店餐饮运营的方方面面。酒店餐饮实行标准化管理是个独特的优势，其基本原则可以落实到每一天的运营中。这些原则可以进一步融入社会餐饮的灵活性等优点。周宏斌对此无疑有着独到的见解和较多的实践经验。

中国一般的餐饮品牌将眼光更多放在前场——环境、服务、菜肴，再到近年注重的氛围感和情绪价值。周宏斌从后场和系统下手进行改革，已是管理逻辑的变化。

拍摄于杭州柏悦酒店

肆。
他，亦是舞台

周宏斌是导师也是导演。二十多年来，他为凯悦酒店集团以及中国的高端餐饮企业输送了诸多精英。作为世界上最重要的国际美食协会之一埃科菲厨皇协会的中国区会长，周宏斌在行动中践行着埃科菲精神：平等；乐于分享埃科菲理念和知识；；尊重烹饪发展历史并倡导不断的革新；；投身公益，尽己所能，发挥余热。

昨日之念,全球共此时

"八方之士将于同一个餐桌上相遇。"这是埃科菲美食美酒晚宴诞生的动机和原则。埃科菲美食美酒晚宴以每月一次的频率在全球各地的餐厅举办,主题明确,声色俱全。它是埃科菲厨皇协会传播埃科菲精神的主要载体。

1911年,第一届埃科菲美食美酒晚宴于伦敦塞西尔酒店举办。伴随着电话沉闷的拨号声、电报机清脆的敲打声,埃科菲创造了全球三十七家餐厅四千余名宾客共享同一菜单的盛举。相隔一个多世纪后的2021年,奥古斯特·埃科菲诞辰一百七十五周年之际,埃科菲厨皇协会想用一种特殊的方式复刻厨王的昔日荣光。全球一百余家餐厅,在10月28日的夜晚同时呈现一场法餐盛宴。由周宏斌组织的中国分会的晚宴,是其中庞大的组成部分。

在物流高度发达,电子邮件与即时通讯工具遍布各地的今天,要落实一场全球晚宴依旧是一项宏伟的计划。好在一位杰出的厨师和一位同样杰出的酒店管理者达成了某种程度的心意相通。他们要将险峻山峰化作凌云壮志,誓要办好这次活动。

周宏斌的手机上,数十个微信群时刻不停地闪烁着新消息的通知。汉语、英语、法语的信号,在地球上空来回穿梭。法国米其林二星饭店的原大厨尼古拉斯·萨勒执笔的菜单,被中国分会的主厨以中文重新书写。中国大厨尝试着做出更有趣味的本土表达。近八百个餐位被陆续售出,周宏斌把握着整体的进度,也关心着每一个需要做到完美的细节。

十一座城市、二十三家餐厅的联动,考验的是中国厨师和管理者卓越的把控能力。

一张菜单跨越山海的重重阻碍,进入世界各地,全球共此一刻。这是对经典法餐的致敬,也是中国食客重视多元化和包容的心态的展现。

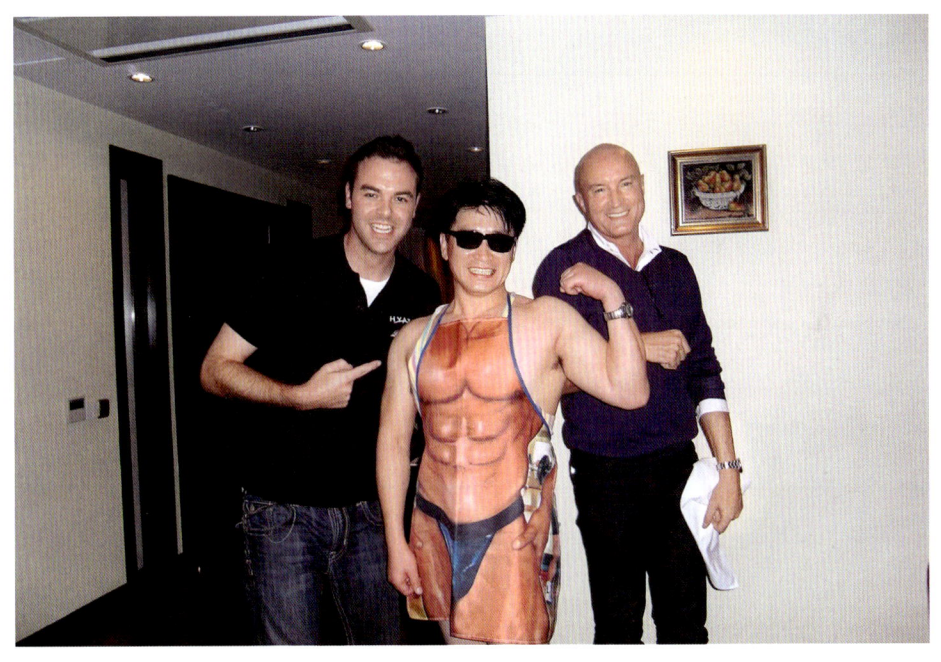

身着肌肉围裙呈献甜品。拍摄于杭州凯悦酒店(现杭州君悦酒店)慈善晚宴私宴现场

肆。 他,亦是舞台

登上舞台，即是明日的明星

主厨时代的到来，让更多自由奔放的年轻人渴望成为厨师。埃科菲厨皇协会在年轻一代人群中掀起一股真正的新浪潮，从而激发他们想成为厨师的渴望。要做到这一点，埃科菲厨皇协会与学校建立越来越密切的联系，试图在专业人士和学生之间搭建桥梁。

2017年，周宏斌带领中国选手首次参加了法国巴黎举行的埃科菲厨皇协会青年厨师大赛世界锦标赛，中国选手荣获第四名。这是中国西餐事业的一大里程牌。

2022年8月27日，闽东壹鱼·埃科菲厨皇协会国际青年人才奖中国区决赛在浙江旅游职业学院圆满落幕。2022年的埃科菲厨皇协会国际青年人才奖比赛代表色是长春花色与埃科菲蓝的组合，这也是埃科菲厨皇国际协会大胆尝试调制的新色。这也寓意着在经历多年的诸多不确定之后，埃科菲厨皇协会渴望

寻求一种新颜色赋予青年厨师新的力量的努力得到实现。埃科菲厨皇协会鼓励埃科菲参赛选手们即使身处变幻莫测的环境中，也要在遵循传统的同时，大胆创新、与时俱进，拥有一颗好奇心与想象力，创造属于青年厨师自己的精彩。决赛当晚在杭州柏悦酒店举行了隆重的颁奖仪式，特邀嘉宾为中国区决赛冠军选手颁奖。年仅二十三岁的冠军选手还被授予了埃科菲橙绶带，代表埃科菲中国区前往新加坡参加亚洲区决赛。作为埃科菲厨皇协会的中国区会长，周宏斌花了非常多的业余时间选拔优秀的青年厨师人才，让更多的华人有能力站在世界顶级厨师的舞台上。

　　这些年轻人虽然没有经历本世纪初餐饮业大变革的年代，但如今踩在舞台中央，遥看已然繁荣的烹饪世界，他们拥有无限的机遇，而这些机遇，最终都会转化成无限的可能。

可持续性发展，明日永续

在过去的几年，周宏斌带领下的埃科菲厨皇协会中国区分会一直致力于支持中国绿化基金会，其善款专门用于支持"幸福家园"项目在辽宁朝阳种植桃树。在辽宁朝阳推广种植"晚秋蜜"桃，让荒废的果园和闲置的土地重现生机，吸引外出务工人员返乡，依托蜜桃产业增收、致富。

2023年，周宏斌向埃科菲厨皇协会的各位厨师和餐厅提出梅尔巴蜜桃项目使用辽宁桃子的想法。梅尔巴蜜桃是奥古斯特·埃科菲先生创作的最著名的甜点之一，也是法国主要的季节性甜点。

奥古斯特·埃科菲是著名的澳大利亚歌剧演员奈莉·梅尔巴的超级崇拜者，梅尔巴经常在伦敦表演时入住萨沃伊酒店，而埃科菲就在此经营他的餐厅。在伦敦奈莉·梅尔巴表演的浪漫歌剧《伦敦》首演当晚，奥古斯特·埃科菲为她制作了一款特别的甜点，这款甜点使用了新鲜的桃子和覆盆子泥、香草冰激凌等材料。奈莉·梅尔巴很高兴并且在多年后仍记忆犹新，她说："记得有一个

小银盘出现在我面前,并说明是埃科菲先生专门为我准备的。我品尝到了第一个梅尔巴蜜桃。"时至今日,梅尔巴蜜桃仍然是世界上最著名且最受人喜爱的甜点之一。关于这款甜品的制作,奥古斯特·埃科菲建议:"梅尔巴蜜桃是一款简单的甜品,由甜嫩可口的桃子和香草冰激凌、覆盆子泥等组成。这个食谱的任何变化都可能破坏成品口味的微妙平衡。"

周先生提出建议后,十四家餐厅各自向顾客推荐了用辽宁造林项目的桃子制作的梅尔巴蜜桃。每出售一道梅尔巴蜜桃甜点,就将捐赠部分的收入给中国绿化基金会。每三道甜点的善款可以种植一棵桃树,为未来的埃科菲厨皇协会中国区分会梅尔巴蜜桃带来更多的桃子,实现良性循环。

"莫以善小而不为"一直是中国人朴素的道德观。正因为"善小","蜜桃项目"倒是值得记一笔。

伍。

周宏斌大师的15道经典菜

往事只能回味，如今回首这段往事，周宏斌不禁感慨万分。二十多年过去了，"温泉蛋"已经成为宴会菜单上备受欢迎的佳肴之一，不过在杭州君悦酒店（原杭州凯悦酒店），人们还是用当地的名称"水波蛋"来称呼它。它见证了中国餐饮业的巨大变革和我们对美食文化理解的不断深化。这道菜的成功，更是对创新和坚持的最好的诠释。

黑松露黄鱼，咸雪里蕻奶油汁

感谢闽东壹鱼的优质食材，以及对本书创作的支持

法国南部有一道传统菜肴——橄榄油鳕鱼泥。盐渍鳕鱼泥中混入清新的橄榄油，搭配焗土豆泥，除了当主菜，还可以作为酥皮面包的夹心材料。绵软咸香的鳕鱼泥使面包的口感更为轻盈，这种面包在法国街边的面包店都能买到。周宏斌被这种本真的味道折服，于是萌生了将这一法式经典菜与中国本土元素——黄鱼鲞相结合的想法。

黄鱼鲞是宁波人至爱的家乡味道。东海边的渔村一进三伏天，几乎成了黄鱼鲞的世界。大块大块的空地上摆满了一张张竹席，上面晒着一片片或湿或干的黄鱼鲞。它们在阳光下闪耀着金黄的色彩。晒成鲞的大黄鱼，褪去一身金灿灿的颜色，具有肉质厚实、盐度低、干度足等特点，既可单独成菜，又能和其他荤素食材搭配，适合使用各种烹调方法制作。黄鱼鲞最简单的吃法是加葱、姜和绍酒蒸食。当一盘泛着澄澈的光泽，透着海之气息的清蒸黄鱼鲞上桌时，其外观和香味，已让人陶醉。一场东海渔村的探访之旅让周宏斌想到，黄鱼鲞与盐渍鳕鱼有着相似的口感，如果用黄鱼制成黄鱼鲞来替代鳕鱼，会具有更多的本地风味，也更适合宁波人的口味。

然而，这还不够。接着，周宏斌又对奶油汁做了改良，在奶油汁中加入了宁波人情有独钟的宁波鄞州区的邱隘雪菜和绍兴黄酒。雪菜，是黄鱼之外，浙江宁波人心目中最亲切、最草根又最引以为豪的食材。宁波鄞州区邱隘镇，是闻名遐迩的"咸菜之乡"。鄞州自古就有"东乡一株菜，西乡一根草"之说，"东乡一株菜"指的是邱隘镇的雪菜。

这道黑松露黄鱼配咸雪里蕻奶油汁，采用本土食材、西餐技法，做出了宁波人心目中的"透骨鲜"。这番滋味里，有传承和不舍，更有食不厌精的创新和期盼。

所需原料：

黑松露黄油脆皮

黑松露酱 ………… 100 克
无盐黄油 ………… 100 克
去边白吐司碎 …… 300 克

黄鱼鲞松露土豆泥

黄鱼鲞 …………… 200 克
牛奶 ……………… 1 升
大蒜 ……………… 2 颗
红皮土豆 ………… 500 克
浓缩奶油 ………… 50 毫升
黑松露橄榄油 …… 10 毫升
盐之花 …………… 适量

水烤黑松露黄鱼

黄鱼 ……………… 1 条
清鱼汤 …………… 适量

黑松露黄油脆皮 …… 适量
黄鱼鲞土豆泥 ……… 适量
柠檬盐粉 …………… 适量

雪里蕻奶油汁

雪里蕻 …………… 40 克
小干葱 …………… 50 克
绍兴黄酒 ………… 30 毫升
浓鱼高汤 ………… 100 毫升
浓缩奶油 ………… 50 毫升
橄榄油 …………… 适量
无盐黄油块 ……… 适量
盐 ………………… 适量

装饰和摆盘

黑松露橄榄油 …… 适量
火红苗 …………… 适量

黑松露黄油脆皮

将三种原料用料理机搅拌成面团。将面团放在两张油纸之间，用擀面杖擀成 3 毫米厚的薄片。将薄片冷冻后，根据后面制作的黄鱼柳的大小切成所需的小片。

黄鱼鲞松露土豆泥

1. 将黄鱼鲞取出净肉,放入锅中并加入牛奶和大蒜,用小火煮制熟后捞出。将土豆去皮切成大块,放入锅中并倒入刚刚煮制黄鱼鲞的牛奶,煮熟后捞出。

2. 将煮制好的土豆制作成土豆泥。将土豆泥、黄鱼鲞、浓缩奶油和黑松露橄榄油搅拌均匀,用盐之花调味。

水烤黑松露黄鱼

将黄鱼制成鱼柳并且去除鱼皮,用柠檬盐粉腌制10分钟,将鱼肉渗出的水擦除。在鱼柳上抹上黄鱼鲞土豆泥,土豆泥的厚度在1厘米左右。将黑松露黄油脆皮片覆盖在土豆泥上。根据黄鱼柳大小进行切分,每份在250克左右。将黄鱼柳混合物放在烤盘中,倒入适量的清鱼汤(不要没过土豆泥)。烤箱预热到130℃,放入烤盘,烤制5到7分钟。

雪里蕻奶油汁

1. 将雪里蕻和小干葱切成碎末。
2. 在锅中放入橄榄油,放入小干葱末和雪里蕻末翻炒出香味。
3. 加入绍兴黄酒,大火煮沸后再煮制一段时间。
4. 倒入浓鱼高汤和浓缩奶油用小火炖煮。
5. 将汤汁过滤。
6. 使用手持均质机将汤汁搅拌,加入无盐黄油块和盐,搅拌均匀。

摆盘

1. 在盘中放上一大勺雪里蕻绍兴黄酒奶油汁。
2. 在汁上放上烤好的黄鱼柳混合物。
3. 淋上少许黑松露橄榄油。
4. 用火红苗进行最后的装饰即可。

— Peter 的贴士 —

1. 制作的土豆泥不宜过于细腻。
2. 加入黄油后的奶油汁,最好存放于 50℃的水浴锅中,避免温度过高导致油水分离。

水波蛋，玉米糊，黑松露

这道"水波蛋，玉米糊，黑松露"的故事始于周宏斌在墨尔本柏悦酒店工作的时候，它是周宏斌与当时的主厨共同探索出来的美味。

制作温泉蛋成功的关键是将煮鸡蛋的温度控制在七十五度左右。食客把成品的蛋壳敲开，会惊奇地发现蛋白嫩滑，而蛋黄已经凝固了。菜品不太硬，也不干，味道很独特。做温泉蛋看似简单，却需要投入极大的耐心和很长的时间。

2005年6月28日杭州凯悦酒店（现杭州君悦酒店）的开业晚宴的菜单上出现了一道意式温泉蛋玉米糊伴黑菌。这是周宏斌第一次在中国的宴会上做这道菜，风波也因此而起。

那时候，中国市场上还未普及慢煮设备。什么叫温泉蛋？什么叫半熟？黑菌又是什么？负责翻译的公关部同事只能根据经验找到半熟蛋的参照物，那大概只有水波蛋了。"水波蛋？明明很廉价啊，怎么能用在开业宴会上呢？"当时的公关部领导完全不能理解周宏斌说的它是利用国际上最前沿的烹饪技法做成的。两人在会议上为翻译上的分歧而陷入激烈争吵，这件事导致他们两个月内彼此不再交谈。

往事只能回味，如今回首这段往事，周宏斌不禁感慨万分。二十多年过去了，"温泉蛋"已经成为宴会菜单上备受欢迎的佳肴之一，不过在杭州君悦酒店（原杭州凯悦酒店），人们还是用当地的名称"水波蛋"来称呼它。它见证了中国餐饮业的巨大变革和我们对美食文化理解的不断深化。这道菜的成功，更是对创新和坚持的最好的诠释。

伍。周宏斌大师的15道经典菜

所需原料：

水波蛋

鸡蛋 ················ 4 颗
白酒醋 ············ 250 毫升
盐 ··················· 20 克

玉米糊

玉米粉 ··············· 50 克
蔬菜汤 ············· 700 毫升
帕玛森芝士皮 ······ 100 克
大蒜 ·················· 1 颗
帕玛森芝士粉 ······· 15 克
黄油 ················· 25 克
黑松露油 ············· 5 克
稀奶油 ··············· 25 毫升
白胡椒粉 ············· 适量
盐 ····················· 适量

白黄油汁

小干葱 ··············· 25 克
大蒜 ················· 15 克
白酒醋 ··············· 20 毫升
白葡萄酒 ············ 20 毫升
稀奶油 ··············· 60 毫升
无盐黄油 ············· 40 克
松露油 ················ 适量
白胡椒粉 ············· 适量
盐 ····················· 适量

装饰

帕玛森芝士片 ········ 适量
黑松露片 ············· 适量

水波蛋

1. 将两升的水煮沸后，加入盐和白酒醋。

2. 将鸡蛋打入沸水中,小火煮 3 到 4 分钟。将煮好的水波蛋放在冰水中冷却后捞出备用。

玉米糊

1. 锅中放入少许蔬菜汤和芝士皮、大蒜,用小火焖煮 30 分钟,过滤。净锅中倒入剩余的蔬菜汤,煮沸后加入玉米粉,搅匀,用小火熬煮 7 小时直至顺滑、无颗粒。

2. 加入黄油、芝士粉和稀奶油搅拌均匀后,放入黑松露油、盐和白胡椒粉进行调味。

白黄油汁

1. 将小干葱和大蒜切成末。锅中加入 5 克无盐黄油,烧至化开,将小干葱末和大蒜末炒软,加入白酒醋,烧至汤汁浓稠后,加入白葡萄酒,烧至汤汁剩下一半。

2. 加入稀奶油，煮沸后用细滤网过滤。加入剩余的黄油，用手持均质机打匀，并使用松露油、白胡椒粉、盐进行调味。

摆盘

1. 将玉米糊放在深盘中间。
2. 将水波蛋放在玉米糊上，淋上白黄油汁。
3. 放上芝士片，将黑松露片放在芝士片上即可。

— Peter 的贴士 —

1. 煮好的水波蛋可以使用剪刀来塑形。
2. 煮玉米糊要像熬粥一样，小火慢煮。

五香三文鱼，鱼松，
红甜椒酱

73

伍。周宏斌大师的15道经典菜

这道菜是周宏斌 2002 年在上海金茂君悦大酒店创作的。

油封，作为一种重要的法式烹饪方式，是指将食材浸泡在油中，利用低温加热的方法，使食材获得细腻的口感。周宏斌的创新是将油刷在三文鱼的表面，利用低温烤箱进行加热，多次操作，使三文鱼最终达到类似油封菜肴的口感和风味。

二十多年后的今天，中国的西式餐饮市场已经越来越成熟，呈现出更加多元化和国际化的趋势。餐饮人从当初对西餐制作手法的认知很模糊到如今熟练掌握各种烹饪技艺，进步令人瞩目。这种变化不仅体现了中国餐饮业的崛起，也反映了食客们对高品质美食的不断追求和开放心态。

周宏斌与周杰合影

所需原料：

五香油

花椒 …………… 50 克
肉桂 …………… 50 克
丁香 …………… 50 克
八角 …………… 50 克
茴香籽 ………… 50 克
植物油 ………… 500 毫升

油浸三文鱼

三文鱼（去皮，去骨） 600 克
花椒 …………… 10 克
肉桂 …………… 10 克
丁香 …………… 10 克
八角 …………… 10 克
茴香籽 ………… 10 克
海盐 …………… 25 克

鱼松

三文鱼（去皮，去骨） 300 克
柠檬片 ………… 30 克
淡口酱油 ……… 20 毫升
盐 ……………… 适量
糖 ……………… 适量

红甜椒酱

红甜椒 ………… 400 克
红酒醋 ………… 20 毫升
糖 ……………… 4 克

香草蛋黄酱

蛋黄酱 ………… 200 克
罗勒叶 ………… 40 克
香菜叶 ………… 20 克
意大利芹 ……… 40 克
龙蒿叶 ………… 30 克

五香油

1. 将所有香料准备好。

2. 在锅中炒制到出香味,磨成粉。将植物油加热到150℃后淋入香料粉中,浸泡一夜后用滤纸和细筛网过滤出杂质即成五香油。

五香三文鱼

1. 将三文鱼用香料和海盐腌制 1 小时，用清水冲洗干净。将三文鱼切割，使用保鲜膜将三文鱼卷成圆柱形，冷藏。

2. 将三文鱼切割成短圆柱,放在网架上。在三文鱼身上刷上五香油,放入 70℃的烤箱中烤制 10 分钟,拿出后继续刷上五香油,烤制。将刷油、烤制的工序操作三次。

鱼松

将三文鱼用盐、糖和柠檬片腌制。将三文鱼蒸熟,放入锅中干炒。炒制过程中分多次加入淡口酱油,炒至三文鱼呈现出蓬松状态即成鱼松。

— Peter 的贴士 —

制作鱼松时需要使用小火炒制。

红甜椒酱

1. 将红甜椒去籽和白色杂质。
2. 将红甜椒放入搅拌机中,搅拌成汁。
3. 将红甜椒汁过滤,放入糖和红酒醋,加热收汁即可做成红甜椒酱。

香草蛋黄酱

1. 将除蛋黄酱之外的材料焯水。
2. 使用搅拌机将蛋黄酱和焯水的材料搅拌至顺滑即成香草蛋黄酱。

摆盘

1. 将五香三文鱼摆在盘中,撒上鱼松。
2. 在边上放上红甜椒酱和香草蛋黄酱即可。

花蟹，牛油果慕斯，茅台鸡尾酒汁，三文鱼子

伍。周宏斌大师的 15 道经典菜

周宏斌喜欢利用本土食材为西餐注入新的生命力。在经典西餐烹饪中，鸡尾酒汁通常用干邑或威士忌等国外烈酒制成，而中国有着悠久的酒文化，这启发了他使用中国白酒来代替国外烈酒的灵感。通过不断尝试，他最终调制出带有浓郁的酱香味的酱汁。这种酱汁也更贴近中国人的口味。

这道菜经常出现在各种宴会上，其中意义最特殊的一次，是出现在周宏斌为宁波柏悦酒店的园林清洁员工举办的答谢晚宴上。这场晚宴旨在感谢他们每周为保持酒店园林卫生所付出的辛勤工作。宁波柏悦酒店是一家占地近十万平方米的度假型酒店，要保持每个角落的卫生确实不易。曾经有同事向时任总经理的周宏斌反应，说清洁工工作量大、人手不够，于是周宏斌建议让其他部门的五十个人一起参与清洁工作。在宁波柏悦酒店工作时，周宏斌每周都会带领管理层和基层员工一起拿起扫帚，参与园林清洁工作。这一惯例在宁波柏悦酒店一直延续至今。

务实，既是周宏斌对待菜肴的态度，也贯穿在管理工作的每个环节中。

所需原料：

花蟹沙拉卷

花蟹	2 只
烤熟的去皮红椒	40 克
青苹果	50 克
罗勒叶	6 片
番茄酱	5 克
蛋黄酱	50 克
牛油果	2 个
盐水	适量

茅台鸡尾酒汁

蛋黄酱	180 克
大藏芥末	6 克
红酒醋	5 毫升
橄榄油	120 毫升
柠檬汁	30 克
番茄酱	100 克
辣椒酱	3 滴
茅台酒	6 毫升

冷汤酱

番茄	300 克
去籽红甜椒	1 个
去籽黄瓜	半根
去皮大蒜	5 克
橙汁	90 毫升
白酒醋	30 毫升
红酒醋	25 毫升
番茄酱	50 克
橄榄油	150 毫升
琼脂粉	7.5 克
黑胡椒	适量
盐	适量

装饰和摆盘

三文鱼子	适量
脆片	适量
细叶芹	适量

花蟹沙拉卷

1. 将花蟹放在煮沸的盐水中烹煮到熟。将蟹肉从蟹壳中挑出。将青苹果和红椒切成小粒，罗勒叶切成丝。将蟹肉和红椒粒、苹果粒、罗勒叶丝、番茄酱和蛋黄酱混合均匀。

2. 牛油果切成薄片，在保鲜膜上排列整齐。将蟹肉混合物放在牛油果片上卷成卷，切成大小适中的块。

茅台鸡尾酒汁

将所有原料混合均匀。

冷汤酱

1. 将所有的蔬菜切成大块。
2. 将除了琼脂粉以外的材料放入搅拌机中,搅拌到顺滑状态。
3. 将打好的混合物用细筛网过筛后,加入琼脂粉混合均匀。
4. 将第 3 步的混合物煮沸并且保持沸腾状态两分钟。
5. 凝固后放入搅拌机中搅打到丝滑。

摆盘

1. 在盘中放入牛油果卷。
2. 在盘中挤上两种酱汁，撒上三文鱼子。
3. 用细叶芹和脆片装饰即可。

Peter 的贴士

1. 去壳的蟹肉可以使用紫外线灯进行检查，如果上面有蟹壳，蟹壳会显现出明显的白色，处理干净即可。
2. 牛油果卷需要避光保存。

大闸蟹意式饺，海鲜酱汁，芫荽生姜油

在海外生活的华人对饺子往往怀有特殊的感情。周宏斌在墨尔本生活了13年，每逢佳节，一碗饺子就成了他缓解思乡之苦的灵丹妙药。因此，在各种宴会中他都喜欢亲自动手制作饺子。

周宏斌认为意式饺子与中式饺子最大的区别是皮的制作。意式饺子皮呈现鲜亮的黄色，这是因为材料中有鸡蛋。鸡蛋可以使面团更加柔软、富有弹性，更易于加工成薄片。周宏斌钟爱的饺子馅料要像慕斯一样柔软细腻，而加入大闸蟹更能迎合江浙地区当地人的需求。

这道饺子还有一个动人的故事。2018年，周宏斌主持的一场埃科菲年度晚宴的菜单中恰好有这道饺子。当晚，一位名叫保罗的意大利客人品尝后赞不绝口，称那是他吃过的最好吃的饺子。或许，在异国他乡，那道饺子成了他对遥远的欧洲故乡的思念之情的寄托。从那时起，保罗就成了周宏斌所在酒店的常客。每年生日，他都会特意到柏悦酒店品尝他钟爱的蟹肉意式饺。

伍。周宏斌大师的15道经典菜

所需原料：

意大利面团

面粉	……………	500 克
蛋黄	……………	260 克
鸡蛋	……………	1 颗
盐	……………	适量

大闸蟹意饺

大闸蟹肉	…………	200 克
大闸蟹蟹黄	…………	50 克
扇贝	……………	100 克
黑虎虾肉	…………	100 克
龙蒿叶	……………	3 克
法葱	……………	5 克
稀奶油	…………	300 毫升
蛋白	……………	30 克
白胡椒	……………	适量
盐	……………	适量
清鸡汤	……………	适量
黄油	……………	适量
植物油	……………	适量

海鲜酱汁

甲壳类海鲜的壳	…	1000 克
鱼高汤	……………	4 升
胡萝卜	……………	200 克
芹菜	……………	60 克
大葱	……………	40 克
洋葱	……………	100 克
番茄	……………	100 克
小葱	……………	40 克
大蒜	……………	10 克
月桂叶	……………	2 片
藏红花	……………	2 克
番茄膏	……………	100 克
青柠叶	……………	2 片
白葡萄酒	…………	200 毫升
白兰地	……………	40 毫升
茴香酒	……………	40 毫升
浓缩奶油	…………	100 毫升
无盐黄油	…………	适量

芫荽生姜油

芫荽	……………	80 克
生姜	……………	10 克
植物油	…………	200 毫升

装饰和摆盘

青豆	……………	适量

意大利面团

1. 将所有原料混合,制成面团。
2. 静置 1 小时。

大闸蟹意饺

1. 将大闸蟹蟹黄用植物油炒至出油。将龙蒿叶和法葱切成碎末。将蟹黄、黑虎虾肉和扇贝放入搅拌机中搅拌至细腻状态,加入 100 毫升稀奶油和蛋白继续搅拌。加入剩下的稀奶油和切碎的龙蒿叶、法葱,用手翻拌。加入蟹肉后混合均匀。

2. 用意大利面团制成面皮，包成大的意大利饺子。在沸水中将饺子煮 3 分钟左右后捞出。净锅中放入黄油、白胡椒、盐、清鸡汤，放入饺子继续煮制到汤汁浓稠。

海鲜酱汁

1. 将所有蔬菜切成大块。

2. 将海鲜壳在锅中炒制 10 分钟后,加入所有蔬菜块和大葱、小葱、大蒜,继续炒制 10 分钟。

3. 加入 30 毫升白兰地和茴香酒,点燃,加入番茄膏继续炒制。

4. 加入白葡萄酒,收汁到汤汁剩下一半后加入鱼高汤、月桂叶、藏红花和青柠叶,炖煮 1 小时。

5. 使用细滤网过滤后收汁到汤汁浓稠。

6. 在汤汁中加入浓缩奶油煮沸,加入剩余的白兰地,加入黄油,用手持均质机中打匀。

芫荽生姜油

1. 将 40 克芫荽焯水，捞出后冷却。
2. 将生姜在油中炸制，过滤，降温到 70℃。
3. 搅拌机中加入油、40 克芫荽和焯水后的芫荽，快速搅拌。
4. 使用滤纸和细筛网进行过滤。

摆盘

1. 碗中放入饺子。
2. 将海鲜酱汁和芫荽生姜油混合，用手持均质机打成慕斯状，淋在饺子上。
3. 青豆焯熟，放入盘中装饰即可。

——— Peter 的贴士 ———

大闸蟹馅料中的奶油不宜过度打发，否则容易油水分离。

 香煎扇贝，芹根泥，柑橘油醋汁

伍。周宏斌大师的15道经典菜

香煎扇贝是西餐中的常见菜肴，但是看起来简单的香煎扇贝真的不容易做。看过《地狱厨房》的人应该都知道"死亡扇贝"一说。一般只要扇贝出场，米其林大厨戈登大概率就要开始发脾气骂人。精选的扇贝经过高温煎制，表面微微焦脆而不焦黑，内里熟透得均匀，不过老才好。要达到这些标准，锁水很关键，分寸要拿捏得十分精准。黄油不仅让扇贝具有浓郁的香气，也可以让成品表面的焦黄色更加漂亮。芹根泥与柑橘油醋汁制作的酱汁口感清新，在口中萌生勃勃生机。扇贝的回甘，柑橘油醋汁的微酸，还有芹根泥的草本香味，"三味一体"组成舌尖上的"黄金三角"。

这道香煎扇贝也是员工答谢晚宴上的菜品。

所需原料：

香煎扇贝

新鲜扇贝 …………… 6 个
盐 …………………… 适量
黄油 ………………… 适量

芹根泥

芹根 ………………… 300 克
橄榄油 ……………… 适量
全脂牛奶 …………… 150 毫升
黄油 ………………… 50 克
盐 …………………… 适量

柑橘油醋汁

柑橘汁 ……………… 200 毫升
橄榄油 ……………… 50 毫升
大藏芥末 …………… 5 克
盐 …………………… 适量
黑胡椒 ……………… 适量

装饰和摆盘

羽衣甘蓝 …………… 适量
莳萝花 ……………… 适量
植物油 ……………… 适量

香煎扇贝

1. 将扇贝肉从壳中取出。

2. 将扇贝肉清洗干净后,加入盐调味,切割成小块。在锅中将扇贝小块一面煎至上色后,翻面后加入黄油煎制到熟备用。

芹根泥

1. 将芹根切成小块。
2. 锅中加入橄榄油,烧热,将芹根煎至上色后倒入牛奶。
3. 炖煮 30 分钟后,倒入搅拌机中,搅拌到细腻。
4. 加入黄油并加入盐进行调味,用细筛网进行过筛。

柑橘油醋汁

1. 将柑橘汁收汁到剩余四分之一。
2. 在橙汁中加入大藏芥末,缓慢加入橄榄油并用手持均质机进行乳化。
3. 用盐和胡椒进行调味。

摆盘

1. 将羽衣甘蓝炸制成脆片。
2. 在盘中放上芹根泥和油醋汁。
3. 摆上香煎扇贝和羽衣甘蓝片,用莳萝花进行装饰。

— Peter 的贴士 —

每年的 5 到 7 月和 9 到 10 月扇贝最鲜美。

三文鱼酥皮卷，菠菜奶油汁

伍。周宏斌大师的 15 道经典菜

澳大利亚海域面积几乎相当于澳大利亚陆地面积的两倍。得天独厚的地理优势孕育了品质纯净、肉质鲜美的海鲜。其龙虾、扇贝、鲍鱼享誉全球，三文鱼更是中国食客们的宠儿。

三文鱼酥皮卷是周宏斌在墨尔本工作时与墨尔本柏悦酒店时任行政总厨共同创造的经典佳肴。这道菜不仅适合在各种场合食用，而且成为周宏斌菜单中的"常驻嘉宾"。自助餐、套餐中都能看见它的身影。在他工作的各个酒店，这道菜都得到了无数食客们的好评。

2018年，周宏斌即将结束在宁波柏悦酒店的任期时实现了五年来最后的愿望——亲手为酒店的四百多位员工煮一道菜。他花了近两天的时间在厨房工作，从处理三文鱼柳到将酥皮卷成卷都是亲手操作。每一道工序都需要细心和耐心，因为他知道这些三文鱼卷不仅代表着他的手艺，更包含着对员工们的关怀和感谢。

三文鱼先去骨，只留鱼肉。剔的过程中还要注意，带血的那部分鱼肉弃之不用，以免煮熟后发黑影响成菜色泽。取下来的鱼肉放入搅拌机内打成非常细致的肉泥，缓慢加入蛋白和稀奶油打成慕斯。慕斯的口感是否黏稠细腻，正是考验厨师功力的地方。接着在三文鱼外面裹上酥皮。酥皮要薄如纸，裹四层，每层酥皮用黄油粘在一起，再放入烤箱中然后烤到七分熟。全熟的三文鱼口感会发柴，控制到七分熟，鱼肉才能细嫩。当菜品呈现时，第一种味道就是酥皮的香气，当酥皮破开后，细嫩鱼肉的鲜味上涌，让人感到香气扑面而来。

他清楚地记得那天下午四点，当他把精心制作好的三文鱼卷放入烤箱进行烤制时，整个厨房都弥漫着诱人的香气。随着时间流逝，烤箱内的温度逐渐上升。在等待的过程中他不断检查烤箱内部情况以确保每一条三文鱼卷都能完美呈现。每一片三文鱼卷被送到员工手中时都伴随着真挚的微笑。这份小小的食物承载了五年岁月所积攒起来的回忆与情感。这些美味佳肴将周宏斌的温暖和热诚传达给他们。看着员工们品尝着由自己亲自制作的三文鱼卷，周宏斌深刻领悟到料理背后所蕴含的默契交流与团结合作带来的纯净至极的友情。

三文鱼酥皮卷见证了周宏斌在凯悦酒店集团的发展——从墨尔本到上海、宁波、杭州和深圳，他一步步向前进。经过二十多年的沉淀，这道简单的三文鱼酥皮卷已成为他的经典菜肴之一。他也将制作这道菜的方法传授给了无数的厨师们，让更多人能品尝到这道美味佳肴。

三文鱼的一生，亦是你我的人生。洄游的路途漫长而危险，人生之路也是道阻且长，正如三文鱼需要坚持不懈地努力才能完成任务，我们在实现自己理想的过程中也需要付出巨大努力。这不仅是一道菜品，更是他与同事们共同奋斗、共同成长的见证。它承载着周宏斌对每一个人的关爱。

所需原料：

三文鱼慕斯

三文鱼（去皮，去骨） 500 克
蛋白 ·················· 70 克
稀奶油 ··············· 350 毫升
盐 ···················· 适量

三文鱼酥皮卷

菲洛酥皮 ············· 8 片
澄清黄油 ············· 适量
三文鱼片（去皮，去骨）400 克
蛋黄 ·················· 60 克
盐 ···················· 适量
白胡椒 ··············· 适量

菠菜奶油汁

白洋葱 ··············· 100 克
菠菜 ·················· 1000 克
稀奶油 ··············· 300 毫升
全脂牛奶 ············· 100 毫升
无盐黄油 ············· 100 克
橄榄油 ··············· 适量
盐 ···················· 适量

蛋黄酱

蛋黄 ·················· 25 克
植物油 ··············· 100 毫升
黄芥末 ··············· 5 克
白酒醋 ··············· 5 毫升
盐 ···················· 适量

装饰和摆盘

三文鱼子 ············· 适量

三文鱼慕斯

1. 将三文鱼放入搅拌机中，搅打成慕斯状。
2. 加入蛋白和稀奶油继续搅打到更加顺滑的状态。
3. 加入盐，调味冷却备用。

三文鱼酥皮卷

1. 取一片菲洛酥皮刷上大量的澄清黄油，盖上另一片酥皮，重复上述动作，制成四层酥皮。

2. 在酥皮的三分之一区域上均匀地涂满三文鱼慕斯，在慕斯上放上用盐调味的三文鱼片。

3. 将酥皮卷成卷,并将两头封口。在酥皮卷上刷上蛋黄液。烤箱预热到 180℃,放入酥皮卷烤制 20 分钟。将酥皮卷切成 5 厘米厚的小卷。

菠菜奶油汁

1. 将白洋葱切成丝。
2. 锅中放入橄榄油,烧热,将白洋葱丝炒软后,加入菠菜炒制。
3. 加入稀奶油和牛奶,大火煮 5 分钟左右后加入盐。
4. 倒入搅拌机中并加入黄油,搅拌成顺滑的汁。
5. 用细筛网过滤。

蛋黄酱

将所有材料混合均匀即成蛋黄酱。

摆盘

1. 在盘子的一圈挤上蛋黄酱,摆上三文鱼子。
2. 盘中放上一勺菠菜奶油汁。
3. 将切好的三文鱼卷放在盘中即可。

— Peter 的贴士 —

三文鱼卷上可以分多次刷上蛋黄液,烤制后颜色更好看。

葱烧海参酿扇贝，牛肝菌烩饭，蘑菇酱

这道菜是周宏斌专为2020年凤凰网美食盛典的晚宴创作的。当时，晚宴的主题是"赏中国风味，品珍馐佳酿"。在构思这道特别的宴会菜时，周宏斌意识到海参在中餐中是一种名贵的食材，其弹性口感与扇贝相似。这激发了他的灵感。他使用西式烹饪技法将扇贝制成馅料，巧妙地酿入传统的葱烧海参中。那外表"深沉"的海参被轻轻切开后，呈现出内部包裹着的洁白的扇贝，具有一种独特的美感。

此外，葱烧海参通常搭配白米饭，而周宏斌则将传统白米饭改为意式烩饭。在烩饭中，加入山珍牛肝菌，为整道菜赋予了更加丰富的口味层次。这种将山珍与海味相融合的创新，不仅展示了中西烹饪文化结合的魅力，也彰显了西式料理本土化的生机。

这道菜为晚宴增添了独特的魅力和深度。

所需原料:

葱烧海参

海参(泡发) ………… 4 根
大葱白 ………… 150 克
蚝油 ………… 适量
鸡汁 ………… 适量
老抽 ………… 适量
花雕酒 ………… 适量
盐 ………… 适量
冰糖 ………… 适量
鸡汤 ………… 适量

扇贝馅料

扇贝肉 ………… 400 克
稀奶油 ………… 350 毫升
蛋白 ………… 40 克
白葡萄酒 ………… 适量
橄榄油 ………… 适量
盐 ………… 适量
白胡椒 ………… 适量

蘑菇高汤

小干葱 ………… 500 克
鲜香菇 ………… 2000 克
干香菇(泡发) ………… 100 克
淡口酱油 ………… 100 毫升
清鸡汤 ………… 适量
百里香 ………… 适量
橄榄油 ………… 适量
鸡汤 ………… 适量

牛肝菌烩饭

白洋葱 ………… 50 克
小干葱 ………… 30 克
大蒜 ………… 1 颗
白葡萄酒 ………… 70 毫升
牛肝菌 ………… 150 克
意大利短圆大米 ……… 200 克
蘑菇高汤 ………… 适量
橄榄油 ………… 适量
无盐黄油 ………… 适量
打发奶油 ………… 适量
白里香 ………… 适量

装饰和摆盘

扇贝干丝 ………… 适量
可食用花 ………… 适量

扇贝馅料

1. 取 100 克扇贝肉,用盐、白胡椒和橄榄油进行腌制。放入锅中煎制,烹入白葡萄酒,将扇贝肉煮到五分熟即可。快速冷却后将扇贝肉切成小粒。

2. 将剩余的扇贝肉和稀奶油放入搅拌机中,搅打成慕斯状。

3. 加入蛋白继续搅打到更加顺滑的状态。

4. 加入盐,再加入扇贝粒,拌匀。

蘑菇高汤

1. 将泡发好的香菇和鲜香菇切成片，小干葱切成长丝。
2. 在平底煎锅中分多次将鲜香菇片煎制到呈金黄色。
3. 在汤锅中放入适量的橄榄油，将小干葱丝炒制，放入干香菇片和百里香继续炒制。
4. 倒入泡发香菇的水、淡口酱油和鸡汤，煮沸。加入煎好的鲜香菇片。
5. 小火炖煮2小时左右，过滤后备用。

烩饭

1. 将小干葱、白洋葱切成末，牛肝菌切成小粒备用。在炒锅中用橄榄油将少许小干葱末炒软后加入牛肝菌粒炒制到上色，淋入少许蘑菇高汤并加入百里香，等汁水收干后盛出。在另一个锅中将白洋葱末炒软后加入大米和大蒜进行炒制，倒入白葡萄酒后炒至酒精味消失。

2. 分多次加入蘑菇高汤，加入牛肝菌粒和适量的无盐黄油，最后拌入剩余的小干葱末。

葱烧海参

将海参进行汆水。在净锅中将大葱白段煎至上色后，加入蚝油、鸡汁、老抽、花雕酒、盐和冰糖，炒制。倒入鸡汤煮沸，放入海参，大火烧 10 分钟左右。将海参挑出后，把汤汁过滤。

酿制馅料

1. 用裱花袋将扇贝馅酿入海参中,将海参用保鲜膜包裹后,放入蒸箱中用75℃蒸12分钟。
2. 将蒸好的海参放回汤汁锅中煮2分钟左右。

摆盘

1. 将烩饭放在盘中,撒上扇贝干丝和花。
2. 将海参放在烩饭上。
3. 淋上葱烧海参汤汁即可。

—— Peter 的贴士 ——
制作馅料时需要让食材在半冷冻状态。

烤散养鸡，柠檬土豆团子，蘑菇黑松露汁

1989年，周宏斌开始了厨师工作生涯。那个时候，周宏斌刚成为一名学徒，在一家充满热情和活力的餐厅里，被烹饪的艺术和技巧深深吸引。他学到了很多东西，但印象最为深刻的是餐厅自制的土豆团子。

三十多年的时光瞬间流逝，现在周宏斌依然将土豆团子带入他的烹饪世界中。每一次制作，都让他回忆起那段简朴而充满激情的厨房里的学徒岁月，以及他对烹饪无尽的热爱和追求。土豆团子看似简单，但想要做到完美却并不容易。许多厨师在制作时匆忙烹煮土豆，导致最终的成品缺乏土豆特有的香气。为了追求卓越的口感，周宏斌特别选择了搭配的主菜，这是他唯一一次为配菜而寻找主角。周宏斌发现土豆团子与简单的烤鸡非常搭配，而土豆和黑松露的组合也很出色。因此，将黑松露元素贯穿到菜品中，同时放弃了浓厚的鸡肉酱汁，而是受埃科菲法式料理的启发，选择了法式天鹅绒酱汁，使整体口感更加醇厚。

因此，对于周宏斌来说，这道土豆团子不仅仅是一道菜品，更是其烹饪生涯的象征。它见证了周宏斌从一个年轻的学徒到现今区域副总裁的成长历程。它让周宏斌深刻理解到，烹饪的真谛在于传承和情感的融合。愿这份美味的记忆永远在心中闪耀，激励他不断前行，将美食之美与更多人分享。

所需原料：

烤散养鸡

散养鸡 …………… 1 只
胡萝卜 …………… 200 克
洋葱 …………… 200 克
西芹 …………… 200 克
黑松露酱 …………… 10 克
无盐黄油 …………… 50 克
白葡萄酒 …………… 100 毫升
大蒜 …………… 1 头
百里香 …………… 适量
橄榄油 …………… 适量
盐 …………… 适量

柠檬土豆团子

土豆泥（烤干） …… 300 克
面粉 …………… 70 克
全蛋液 …………… 40 克
柠檬汁 …………… 10 毫升
柠檬皮 …………… 适量
黄油 …………… 适量

盐水 …………… 适量

黑松露蘑菇汁

鸡肉烧汁 …………… 100 毫升
稀奶油 …………… 100 毫升
鲜香菇 …………… 30 克
小干葱 …………… 10 克
黑松露酱 …………… 5 克
白色黄油面糊 …………… 10 克

炒时蔬

绿节瓜 …………… 适量
黄节瓜 …………… 适量
胡萝卜 …………… 适量
蟹味菇 …………… 适量
黄油 …………… 适量

装饰和摆盘

黑松露 …………… 适量

烤散养鸡

1. 将鸡处理干净切成皇冠形状，用胡萝卜、洋葱、西芹、白葡萄酒、橄榄油和盐腌制 4 小时。

2. 将黄油和黑松露酱混合，加入盐。

3. 将腌制好的鸡肉擦拭去表面的水分后，将黄油混合酱塞入鸡胸肉和鸡皮之间。在风房中将鸡吹一晚上。

4. 在锅中将鸡煎至上色，放入大蒜和百里香。烤箱预热到 180℃，放入鸡肉混合物烤制 30 到 40 分钟。每隔 10 分钟将煎鸡肉出来的油淋在鸡胸上。

5. 静置 10 分钟后，将鸡胸取下后备用。

柠檬土豆团子

1. 将土豆泥过细筛网后加入全蛋液、柠檬汁和柠檬皮,混合均匀。
2. 将面粉过筛后加入土豆泥混合物中,揉成土豆团。
3. 搓成长条,切成小的土豆团。
4. 在煮沸的盐水中将小的土豆团煮熟后捞出。净锅中加入黄油将小的土豆团煎至上色。

黑松露蘑菇汁

1. 将小干葱切成末,鲜香菇切成小粒。
2. 在小酱汁锅中将小干葱末炒软后加入鲜香菇粒炒制到上色。
3. 倒入鸡肉烧汁和稀奶油,煮沸,放入白色黄油面糊,煮沸,加入黑松露酱。

炒时蔬

1. 将绿节瓜、黄节瓜和胡萝卜挖成小球。
2. 将蟹味菇取头。
3. 将蔬菜小球和蟹味菇头在黄油中炒制均匀。

装饰和摆盘

1. 将烤鸡胸肉摆放在盘中,将土豆团子放在鸡肉边上。
2. 将黑松露蘑菇汁淋在鸡肉上。
3. 将炒时蔬撒在鸡肉上。
4. 刨上黑松露片即可。

Peter 的贴士

1. 鸡肉在酿入酱料后要在风房中吹一晚上,让成品表皮更脆。
2. 制作土豆团子的土豆泥需要烤到干燥的状态。

炖和牛，香草脆片，红菜头果酱

这道菜是周宏斌在墨尔本时经常制作的一道招牌菜，以牛肉和甜菜根等为原料，具有纯正的西餐风味。

牛腹肉与红酒一同炖煮，混合出醇厚的口感和浓郁的味道。周宏斌特别制作了香草脆片，以增添香味。与其他人制作的香草脆片的不同之处在于他使用了布里欧修面包糠，赋予脆片更加酥脆的口感和浓郁的黄油香气。在我国，很多食客一开始并不习惯红菜头的味道。因此，他在国内餐厅制作时对红菜头酱进行了改良，在制作过程中添加了蜂蜜和红酒醋，以减少红菜头的土腥味，使其更加清爽可口。

这道菜是他在墨尔本柏悦酒店的时候就开始制作的，一直延续至今。在上海时，他也在德国商会的晚宴上供应过这道美味佳肴。这道菜的美味和独特风味一直受到食客们的喜爱，也成为他的标志性菜品之一。

伍。周宏斌大师的 15 道经典菜

所需原料：

香草脆片

黄油	100 克
布里欧修面包糠	175 克
青酱	175 克
帕玛森芝士粉	69 克

炖和牛

和牛牛腹肉	1000 克
红葡萄酒	3 升
胡萝卜	400 克
洋葱	400 克
西芹	400 克
百里香	20 克
迷迭香	10 克
盐	150 克
植物油	适量

红菜头果酱

红菜头	500 克
红洋葱	50 克
蜂蜜	100 克
红醋栗	25 克
红酒醋	150 毫升
水	500 毫升

牛肉汁

牛肩肉	1000 克
胡萝卜	200 克
洋葱	200 克
大蒜	4 头
植物油	80 毫升
黄油	80 克
香草	1 束

装饰和摆盘

混合彩色红菜头薄片	适量
迷你西蓝花	适量

香草脆片

1. 将所有原料混合均匀。

2. 将混合物放在两张油纸之间，用擀面杖擀成薄片，切成小片。

炖和牛

将除牛肉外的其他原料混合，混合均匀后放入牛肉腌制 12 个小时。将牛肉从腌制材料里捞出，擦干，煎至上色。将腌制液过滤后倒入真空袋中，放入牛肉抽去空气，以 75℃低温慢煮 12 小时。将煮好的牛肉切成大块，覆盖上香草脆片使用焗炉烤制。将真空袋中的液体过滤后，收汁到黏稠备用。

红菜头果酱

将红菜头和红洋葱擦成丝。将所有原料加入锅中,加入水,煮两小时。

牛肉汁

1. 将牛肩肉和蔬菜切成小块。
2. 锅中加入植物油,将牛肉小块煎至上色后放入黄油炒制。
3. 加入蔬菜块进行炒制。
4. 加入水炖煮 3 小时,过滤。
5. 将酱汁收汁到呈现镜面的质感。

摆盘

1. 将牛肉上抹上红菜头果酱,放上香草脆片,在 180℃烤箱中烤制 5 分钟。
2. 将牛肉小块摆在盘中。
3. 将迷你西蓝花煮熟和红菜头片摆在边上。
4. 淋上牛肉汁即可。

Peter 的贴士

红菜头果酱需要做成像普通果酱一样的质感,甜中带酸,酸中带甜。

三「羊」开泰

广袤土地中汇聚着人与自然相处的智慧。深入食材原产地汲取灵感，是大厨们创作热情的来源。

2023年，周宏斌与《上新吧，福味》节目组一起走进罗源。罗源东临东海并三面环山。五百年前，碧里乡的祖辈到此地落户时就已经有下廪羊了。下廪羊一般比较矮小，白肚灰背，背部有黑线，脸上有白眉。如果给山羊像手表那样分个三六九等，下廪羊大概就是同类中的百达翡丽。下廪羊养殖地区地处沿海，带着盐分的水气浸润着土壤、青草。退潮的时候，草被海水浸过。这种草含有大量的特殊化合物。下廪羊除了吃这种草，还会直接饮用海水。时间一长，羊肉的膻味也就没了，甚至还会有一股淡淡的奶香。下廪羊活动量大，长期处于肌肉紧绷状态，一身腱子肉非常紧实。

下廪羊肉这种优质的食材被周宏斌带回杭州柏悦酒店，制成了几道特色菜。罗源下廪羊汤使用简单的处理方法，突出下廪羊本身的鲜美味道。厨师们对火候以及调料的把控也做到了细致入微，这样不仅可以保证汤的鲜美，同时也能使肉鲜香嫩滑。

为了更好地体现菜品的寓意，周宏斌制作三"羊"开泰特意选择了两种带有"羊"字的食材来与主料呼应，将其更多运用在宴会和正餐场合中。

厨艺依托食材，而食材背后则是土地的馈赠。周宏斌对食材的探索不是停留在表面，而是通过采风和亲身实践来加深理解。只有将传统烹饪艺术发扬光大，才能真正将食材的价值和美味展现得淋漓尽致。

所需原料：

羊排蜂蜜黄芥末脆

整条带骨羊排	1千克
芥末籽	100克
芫荽籽	75克
绿胡椒	75克
蜂蜜	600克
红酒醋	50毫升
大藏芥末	30克
橄榄油	适量
盐	适量

酿羊肚菌

羊肚菌	8颗
去皮鸡胸肉	100克
蛋清	25克
稀奶油	60克
无盐黄油	适量
盐	适量
红酒汁	适量

洋蓟

洋蓟	4颗

白葡萄酒	适量
清鸡汤	适量
橄榄油	适量
盐	适量

欧防风泥

欧防风	200克
无盐黄油	30克
稀奶油	80克
橄榄油	适量
盐	适量

红酒酱

牛肉边角料	2千克
小十葱	200克
红酒	750毫升
牛肉汁	2升
百里香	适量
植物油	适量

装饰和摆盘

酸模叶	适量

羊排蜂蜜黄芥末脆

1. 将羊排修整干净，用盐调味，在锅中用橄榄油煎至上色。

2. 将芥末籽和芫荽籽在锅中炒制到出香味。将炒好的香料研磨成粉（不要太细腻）。将蜂蜜收汁到 300 克后加入所有香料粉和红酒醋、绿胡椒，用盐调味。

3. 将大藏芥末刷在羊排上，将香料混合物覆盖在羊排上。烤箱预热到 180℃，放入羊排，将羊排中心温度烤制到 54℃。

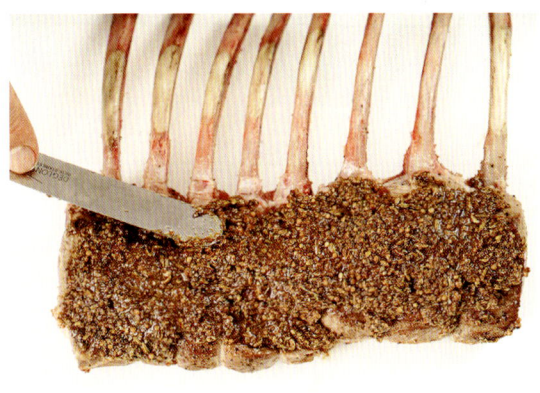

酿羊肚菌

将鸡胸肉和稀奶油放入切割搅拌机中,搅打成慕斯状。加入蛋清继续搅打到更加顺滑的状态,用盐调味。将羊肚菌放到预热到75℃的蒸箱中,蒸7分钟。将蒸好的羊肚菌放入锅中,放入红酒汁和无盐黄油煮制。捞出后酿入鸡肉混合慕斯。

洋蓟

将洋蓟去皮后对半切开。加入白葡萄酒、鸡汤、盐,炖煮10分钟。在净锅中用橄榄油煎至上色,加盐。

欧防风泥

1. 将欧防风切成小块。
2. 锅中放入橄榄油，将欧防风块煎制到呈金黄色后，倒入稀奶油焖煮到软。
3. 将煮好的欧防风块放入搅拌机中，加入无盐黄油，搅拌到顺滑状态，加盐拌匀。

红酒酱

1. 锅中加入油，将牛肉边角料煎制到呈褐色后，加入小干葱炒制到软。
2. 加入红酒后收汁到四分之一，倒入牛肉汁炖煮 60 分钟。
3. 过滤，将汤汁收汁到 300 毫升后，加入百里香煮 5 分钟。

摆盘

1. 盘中放上欧防风泥。
2. 将羊排摆放在蔬菜泥边上，欧防风、做好的洋蓟和酿羊肚菌放在羊排边上。
3. 淋上红酒酱，放上酸模叶即可。

— Peter 的贴士 —

制作欧防风泥时，需要将欧防风煎制到呈金黄色来增加风味。

意面酿鲜虾扇贝慕斯琳,鱼子酱,香槟奶油汁

这道主食看似简单却极费工夫。以意面作为主料,经过精心制作后卷成形,并将鲜虾和扇贝慕斯琳作为内馅填入其中。香槟奶油汁,加入了藏红花提升口味并赋予菜品更加鲜明的色彩。这款酱汁是海鲜的绝佳搭配。真正点睛之笔是鱼子酱。鱼子酱被誉为食材中的黑珍珠,因为,它需要经历时间的磨练,才能积累出所有的精华,最终成为珍贵的宝藏。

这道菜不仅拥有令人赞叹的立体美感,还有复杂的烹饪方式,是工匠精神的完美体现。这道菜的每一个步骤都经过精心雕琢,每一种味道都融合了心血和智慧。

133

伍。周宏斌大师的 15 道经典菜

所需原料：

鲜虾扇贝慕斯琳

扇贝肉	……………	500 克
黑虎虾	……………	100 克
稀奶油	……………	300 毫升
蛋白	……………	70 克
白葡萄酒	……………	适量
橄榄油	……………	适量
盐	……………	适量
白胡椒	……………	适量

意面

管面	……………	250 克
橄榄油	……………	适量
盐	……………	适量

青豆泥

新鲜青豆	…………	200 克
全脂牛奶	………	100 毫升
稀奶油	…………	100 毫升
无盐黄油	…………	50 克
盐	……………	适量

香槟奶油汁

小干葱	……………	125 克
大蒜	……………	75 克
白葡萄酒	…………	100 毫升
香槟	……………	100 毫升
稀奶油	……………	300 毫升
黄油	……………	200 克
藏红花	……………	适量
白胡椒	……………	适量

装饰和摆盘

鱼子酱	……………	80 克
玻璃苣	……………	适量

鲜虾扇贝慕斯琳

1. 将黑虎虾用盐、白胡椒和橄榄油腌制。放入锅中煎制，烹入白葡萄酒，煮到五分熟即可。快速冷却后将虾肉切成小粒。
2. 将扇贝肉和稀奶油放入搅拌机中，搅打成慕斯状。
3. 加入蛋白继续搅打到更加顺滑的状态。
4. 加入盐调味，加入黑虎虾粒。

意面

1. 将管面在盐水中煮熟后捞出,冷却备用。管面整齐排列后,用刀修整掉一边,放入圆形模具中。

2. 将慕斯琳挤入中间后用保鲜膜将模具包裹。将青豆放在管面中。

3. 蒸箱用 80℃预热，放入管面混合物蒸 8 分钟。

青豆泥

1. 将青豆放在稀奶油和牛奶中煮熟，加入盐。
2. 倒入搅拌机中，加入无盐黄油，搅拌成顺滑的青豆泥。
3. 用细筛网过滤。

香槟奶油汁

1. 将大蒜和小干葱切成末。
2. 锅中放入 5 克黄油，将小干葱末和大蒜炒软（不要上色）后加入藏红花。
3. 加入白葡萄酒收汁到剩余一半的液体。
4. 倒入稀奶油后用小火煮 5 分钟，用细筛网过滤。
5. 倒入香槟。
6. 使用手持均质机将酱汁搅拌，加入剩余的黄油，用白胡椒调味。

摆盘

将青豆泥挤在盘中的底部。将意面慕斯混合物放在中间,上面放上鱼子酱和玻璃苣。将香槟奶油汁淋在盘中即可。

Peter 的贴士

1. 制作慕斯琳时需要将食材制成半冷冻状态。
2. 青豆泥中可以加入适量的菠菜叶来让颜色更加鲜艳。

芝士焗龙虾

2021年10月，2021凤凰网美食盛典金梧桐江浙餐厅指南发布暨颁奖晚宴于杭州柏悦酒店圆满落幕。这场餐饮界的盛会，来宾大多是精致餐饮同行和美食家，菜品设计由周宏斌亲自操刀。一道蟹酿橙，满堂皆喝彩，而每位客人一只的波士顿龙虾，更是技惊四座。

美食家林卫辉详细记录过这道令他难忘的主菜。"取一斤多的波士顿龙虾，在用洋葱、胡萝卜、西芹、香叶等熬出的沸汤中煮两分钟，捞出，放入冰水中，龙虾第一次入味后遇冷收缩，产生爽脆的口感。揭下龙虾背壳，龙虾壳熬成龙虾汤。卸下大螯，取肉改刀成块。黄节瓜、绿节瓜、欧芹、干葱、龙蒿叶等煮制成蔬菜汁。干葱、干邑、白汁、芥末、龙虾汤、雪莉酒醋、卡宴辣椒粉、盐、芝士等制成芝士酱，一分为二。将龙虾肉和蔬菜汁、一半芝士酱搅拌，再将肉放回龙虾里，龙虾第二次入味。另一半芝士酱冷冻成片，覆盖在龙虾肉上面。烤箱预热至185℃，放入龙虾肉烤8分钟，龙虾第三次入味。这么复杂的菜，一做就是几百道。成品从味道到口感，从温度到造型，都无可挑剔，更重要的是，原本拆出来后混炒入味的龙虾肉，回到龙虾里。每一只做好的龙虾都有头有尾，连大腿肉都在，给人的印象是它就是一只完整的龙虾。这种如绣花般的功夫，居然用在了规模宏大的宴会上。"林先生的记录当然不乏赞美之情，但整体过程大致如此。

所需原料：

龙虾肉

波士顿龙虾	……………	4 只
洋葱	……………	50 克
西芹	……………	50 克
胡萝卜	……………	50 克
香叶	……………	1 片
盐	……………	适量

芝士片和芝士酱

干葱	……………	20 克
干邑	……………	20 毫升
帕玛森芝士	……………	70 克
大孔芝士	……………	40 克
格鲁耶尔芝士	……………	40 克
马苏里拉芝士	……………	160 克
布里芝士	……………	100 克
浓缩龙虾汁	……………	20 毫升
白汁	……………	100 克
雪莉酒醋	……………	4 毫升
英式芥末	……………	10 克
大藏芥末	……………	10 克
卡宴辣椒粉	……………	1 克

节瓜馅

黄节瓜	……………	200 克
绿节瓜	……………	200 克
干葱	……………	20 克
欧芹	……………	5 克
龙蒿叶	……………	5 克
白胡椒	……………	适量
盐	……………	适量

装饰和摆盘

黄节瓜	……………	适量
绿节瓜	……………	适量
口蘑	……………	适量
黄柠檬	……………	适量
细叶芹	……………	适量
黄油水	……………	适量

龙虾肉

将龙虾两两绑在一起，防止煮制的时候弯曲。在水中加入洋葱、西芹、胡萝卜、香叶和盐。煮沸后放入龙虾煮 3 分钟后泡入冰水里。将龙虾壳从中间剪开，取出龙虾肉，将龙虾肉切成 5 段。

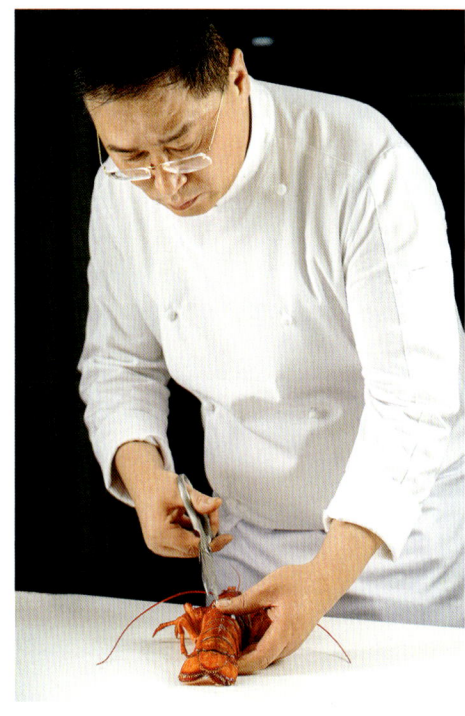

伍。周宏斌大师的15道经典菜

芝士片和芝士酱

1. 将干葱切成末。将各种芝士切成小块。
2. 在锅中将干葱末炒出香气后,加入干邑炒制片刻,加入白汁。
3. 在白汁中加入芝士块,搅拌到化开。
4. 加入龙虾汁、两种芥末、雪莉酒醋和卡宴辣椒粉即成芝士酱。
5. 将一半芝士酱做成芝士片,另一半用于制作节瓜馅。

节瓜馅

1. 将干葱、欧芹和龙蒿叶切成末,两种节瓜切成丁。
2. 将干葱末煸炒后加入节瓜丁炒制,加入盐、白胡椒、欧芹末和龙蒿叶末。
3. 将炒好的节瓜丁和剩余的芝士酱混合,搅拌均匀。

芝士焗龙虾

1. 将节瓜馅放到龙虾身中,在馅料上放上切好的龙虾肉。

2. 将芝士盖在龙虾肉上。烤箱预热到 185℃，放入龙虾混合物烤制 8 分钟。

摆盘

1. 将口蘑刻出花纹，将两种节瓜刻成橄榄形。
2. 将两种节瓜在黄油水中烩煮。
3. 将龙虾混合物摆在盘中，两种节瓜放在盘中。
4. 放入细叶芹和黄柠檬即可。

— Peter 的贴士 —

龙虾不宜煮得过熟，不然烤制后龙虾肉口感不佳。

熏桂花鱼，鱼子酱

  烟熏，是将熏料置于锅内或盆中，利用其不充分燃烧时所产生的热烟，将食材熏制的一种烹调方法。由于成品具有特殊的烟香，而且成品味道香醇可口，风味独特，色泽艳丽，所以深受食客的喜爱。

  烟熏分生熏和熟熏两种，所谓生熏，是针对细嫩的生料，一次性将其熏熟；而熟熏，则是把原料先用其他方法制熟，然后再用烟来熏，以增添烟香风味。不过无论生熏还是熟熏，对技术的要求都比较高，难度也相当大，从选料、腌渍、上色到熏制成菜等工序，都有其独特之处。如果对烟熏的性质及操作要领不甚了解，仅把"烟熏"视为一种炫技，会导致成菜色泽、质感、香味等方面的不成功。通过了解烟熏的原理和技艺，周先生不禁萌生了将西式烹饪理念融入其中的想法。

  如今，这道菜已经在凯悦酒店集团各个中餐厅热卖了十多年，成为餐单上的招牌菜之一。它的美味和独特之处，让无数食客乐此不疲地品尝，成为凯悦酒店集团餐饮的一大亮点，也见证了经典菜肴的生命力。

所需原料：

鳜鱼鱼柳

鳜鱼	1 条
盐	80 克
花椒	20 克

烟熏料

小米	10 克

白砂糖	30 克
绿茶	3 克
桂花	1 克

装饰和摆盘

鱼子酱	适量
香菜苗	适量

鳜鱼鱼柳

将鳜鱼取出净鱼柳。将花椒和盐制作成椒盐。用椒盐将鱼柳腌制 12 小时后，用水将表面的盐分冲去。将鱼柳放在网架上，在风房里吹 5 小时左右至表面干燥。

烟熏

在锅中放入小米、白砂糖、茶叶和桂花加热。起烟后在锅中放入网架，将鳜鱼鱼柳放在里面烟熏上色。

低温慢煮

将鱼柳放入袋子中,抽去空气,放入低温慢煮器中以 70℃ 煮 13 分钟。在冰水里冷却后,改刀成小件。

摆盘

1. 盘中放入切好的鱼。
2. 在鱼上放上鱼子酱和香菜苗进行装饰即可。

— Peter 的贴士 —

鱼柳需要将表面吹到干燥,成品口感更好。

2024 年，杭州柏悦酒店悦轩餐厅又一次登上 2024 黑珍珠餐厅指南。杭州柏悦酒店悦轩中餐厅融合了粤菜与杭州名菜的菜品"沉鱼落雁"获得了"年度菜品奖"。

所需原料：

燕窝

泡发素燕窝 ……… 280 克
翅汤 ……………… 35 毫升
蟹黄 ……………… 5 克

鱼丸

包头鱼尾 ………… 1 千克
盐 ………………… 12 克

葱姜水 …………… 500 毫升
油 ………………… 适量

装饰和摆盘

清鸡汤 …………… 700 毫升
菜心 ……………… 4 棵

燕窝

1. 将翅汤煮开后放入素燕窝搅拌均匀。
2. 将煮好的素燕窝放在细滤网中进行沥水。
3. 将 70% 左右的水沥干后，将材料放入半圆模具中使其凝固。

鱼蓉

1. 将包头鱼尾用刀刮出鱼蓉。

2. 用刀将鱼蓉剁至细腻。

3. 用细筛网将鱼蓉进行过筛。在鱼蓉中加入盐和 350 毫升葱姜水进行搅打。将鱼蓉静置一晚上后再加入 150 毫升的葱姜水进行搅打,制成胶状。

鱼丸

1. 在半圆硅胶模具中刷上油。